Christoph Meiners

Über die Vorstellung der Alten von Gott

ein Auszug aus des Herrn Prof. Meiners Buch Historia doctrinae de vero Deo

Christoph Meiners

Über die Vorstellung der Alten von Gott
ein Auszug aus des Herrn Prof. Meiners Buch Historia doctrinae de vero Deo

ISBN/EAN: 9783743487369

Hergestellt in Europa, USA, Kanada, Australien, Japan

Cover: Foto ©ninafisch / pixelio.de

Manufactured and distributed by brebook publishing software (www.brebook.com)

Christoph Meiners

Über die Vorstellung der Alten von Gott

Ueber die Vorstellung der Alten von Gott.

Ein Auszug aus des Herrn Prof. Meiners Buch:

HISTORIA DOCTRINAE DE VERO DEO &c.

Erlang,
bey Johann Jacob Palm. 1780.

Ueber
die Vorstellung der Alten von Gott

Ein Auszug aus dem Buche:

Historia doctrinae de vero Deo, omnium rerum auctore atque rectore, conscripta a CHRISTOPHORO MEINERS.

Die erste Veranlassung zu dieser wichtigen Schrift war eine im vorigen Jahre von dem Stolpischen Institut zu Leyden vorgelegte Preisaufgabe. Hier waren auch wirklich für einen in dieser Laufbahn so geübten Streiter, wie Herr Professor Meiners ist, neue Lorbeern zu erringen; allein je tiefer er in die Materie eingieng, desto schwerer fand ers, die reiche Ausbeute seiner Untersuchungen in den vom Institut vestgesetzten engen Raum von 40. Seiten zusammenzudrängen; und dieß allein bewog ihn, aus der Reihe der eigentlichen Mitwerber abzutretten, und diese Schrift, ohne Hinsicht auf jenen Preiß, besonders herauszugeben. Ein für das Publikum sehr erwünschtes Opfer des litterarischen Wetteifers. Denn was bey jenem Zwange, wärs auch noch so gut gerathen, am Ende doch nur ein summarischer Abriß, eine allgemeine Uebersicht des Zustandes der Religion unter den merkwürdigsten Völkern des Erdbodens, geworden wäre; das ist jetzt mehr eigentliche, ins gehörige Detail gehende, mit sorgfältig geprüften Zeugnissen überall belegte, kurz kritisch-philosophische Geschichte der wahren Gotteserkenntniß, so wie man sie von einem Manne erwarten konnte, der mit der genauesten Kenntniß der Quellen den scharfsinnigsten Prüfungsgeist verbindet, der aber auch Muth genug hat, sich über alle Vorurtheile hinwegzusetzen, und, wo sie der Wahrheit im Wege stehen, sie ohne alles Ansehen der Person, doch immer mit der gehörigen Bescheidenheit, zu bekriegen. Nur Schade, daß ein, seinem innern Gehalt nach, so trefliches Buch durch den fehlerhaften Druck so sehr verunstaltet ist.

Das Buch besteht aus zwey Theilen mit fortlaufender Seitenzahl. Der erste Theil S. 1—228. erklärt die Meynungen der ältesten Völker und ihrer Priester von der Natur der Gottheit. Der zweyte S. 243—548. erläutert die Lehrbegriffe der griechischen Weltweisen von der Entstehung aller Dinge und vom Wesen Gottes.

Der erste Theil hat 6. Abschnitte.

I. Abschn. 1. Abth. Vorläufige Untersuchung der Frage: "Ob das Daseyn des einigen wahren Gottes aus der bloßen Vernunft erwiesen werden könne? Und ob es je Völker oder Weise gegeben habe, die ohne göttlichen Unterricht zur Erkenntniß dieser Wahrheit gelangt wären? Hier befindet sich der philosophische Geschichtforscher sogleich zwischen

schen zwey entgegengesetzten Meynungen. Viele, zum Theil grosse und einsichtsvolle Gelehrte behaupten, die Erkenntniß von einem einigen Gott, Schöpfer und Regenten aller Dinge, sey von jeher unter den Menschen allgemein gewesen, und es habe nie ein so rohes und verwildertes Volk auf dem Erdboden gegeben, bey dem man nicht einige Spuren dieses allgemeinen Glaubens gefunden hätte; er möge nun entweder Ueberbleibsel einer frühern unmittelbaren göttlichen Offenbarung, oder von wandernden Völkern und einzelnen Weisen erlangter Unterricht, oder auch bey einigen Frucht des eigenen Nachdenkens gewesen seyn. Das Gegentheil, sagen sie, streite wider die Ehre des besten und gütigsten Gottes und wider die Würde der Menschheit. Andere, eben so angesehene Gelehrte hingegen, in der wohlgemeynten Absicht, den Werth und das Ansehen der Offenbarung so viel mehr zu verherrlichen, sprechen der menschlichen Vernunft durchaus alle Kraft ab, sich ohne unmittelbare Erleuchtung zu dem Gedanken eines einzigen wahren Gottes zu erheben, und leugnen daher schlechtweg, unbekümmert um das, was die Geschichte hierüber sagen mag, daß je ein Volk oder ein Weiser selbsterworbene Gotteskenntniß besessen habe. Beeden Meynungen widerspricht die Geschichte; obwohl aber die letztere auch darinn öfters zu weit geht, daß sie die Vernunft, das herrlichste Geschenk der Gottheit, über die Gebühr herabsetzt, so kommt sie doch, nach dem Urtheil des Hrn. M. im Ganzen genommen, der Wahrheit näher, als die erstere. Denn es giebt wirklich in dem ganzen Gebiete der Philosophie keine Wahrheit, die der menschliche Verstand so spät erreicht hat, die so viele und so schwere Vorkenntnisse voraussetzt, als die Lehre von dem vollkommensten Geiste, Schöpfer und Regenten aller Dinge. Ohne genaue und ausgebreitete Kenntniß der Natur, ihrer unermeßlichen Größe und Mannichfaltigkeit, ihrer Schönheit und Ordnung, insonderheit in dem Laufe und in der Bewegung der grossen Weltkörper, ohne tiefe Einsicht in die Absichten und Endzwecke der Dinge, in die bewundernswürdige Zusammenstimmung aller größern und kleinern Theile der Natur zu einem einzigen Ganzen; ohne die Ueberzeugung, daß nichts ohne Ursache entstehe, und daß also auch dieß herrliche Ganze unmöglich entweder das Werk eines blinden Ohngefährs oder einer verstandlosen Nothwendigkeit seyn könne, endlich ohne Ueberzeugung, daß von allem dem, was der Unwissende in der Körper- und Geisterwelt Unvollkommenheit nennt, nichts schlechterdings, nach allen Verhältnissen und Folgen betrachtet, böse sey, nichts Uebel fürs Ganze, das der größern Vollkommenheit unbeschadet hätte verhindert werden können; — ohne alle diese große und schwere Vorkenntnisse erklärt es der Verf. (S. 14.) für unmöglich, daß sich die selbstgelassene menschliche Vernunft zu dem Gedanken von einem einzigen wahren Gott und Weltschöpfer jemals erheben könne. Dieß beweisen ihm die

Grün

Gründe, worauf ächte Gotteserkenntniß beruhet; der natürliche Gang des menschlichen Denkens; am deutlichsten die Geschichte der Griechen, welche, wie er in der Folge zeigen wird, unter allen bekannten Völkern des Erdbodens die einzigen sind, die durch die bloße Vernunft, aber freylich erst nach unzähligen Verirrungen, und nicht eher, als bis sie in andern Wissenschaften und Künsten die höchste Stufe der Kultur erreicht hatten, sich zu jenem Gipfel menschlicher Erkenntniß vollends empor geschwungen haben. Aber nicht nur zur Erfindung der Lehre von einem einzigen wahren Gotte, sondern auch zur Erhaltnng derselben sind die eben angeführten Vorkenntnisse unentbehrlich, und aus dem Mangel derselben glaubt Hr. M. am besten erklären zu können, warum das rohe und ungelehrte israelitische Volk, dessen Gotteskenntniß zwar auf unmittelbarer wundervoller Offenbarung, nicht aber auf jenen vesten Gründen hinlänglich gestützt war, so oft und so leicht von dem wahren Gotte zur schnödesten Abgötterey seiner Nachbarn abgefallen sey, und warum auch die mehresten christlichen Völker, nach dem Verfall der Wissenschaften in dem siebenden Jahrhundert, auf den schändlichsten Aberglauben, auf Anbetung der Heiligen und Bilderdienst gerathen seyen.

Und nun ist es also auch kein Wunder, daß, ausser den Israeliten, Griechen und Christen, und wo etwa noch in der Folge ihre Kenntnisse und Religionsbegriffe weiter hingekommen sind, kein Volk des Erdbodens den wahren Gott aus der Natur erkannt hat. Schon ein allgemeiner unpartheyischer Blick auf die ältere und neuere Geschichte der Menschheit beweißt dieß. Den meisten Völkern des Alterthums ahndete entweder gar nichts von einer obersten Gottheit, oder sie machten sich davon die elendesten Begriffe. Aberglaube und Vielgötterey waren allgemein. Furcht, oder niederträchtige Schmeicheley, oder Habsucht und Stolz der Priester, aufs beste noch dankbare Gesinnungen gegen die ersten Stifter und Wohlthäter der Völkerschaften, größtentheils auch Bewunderung — nicht zwar der unermeßlichen Größe und des regelmäßigen Laufes der Gestirne — sondern nur ihrer wohlthätigen Einflüsse auf die Erde, haben ursprünglich die Götter erzeugt. Und eben so sind noch bis auf die Stunde unter allen ungebildeten und nomadischen Völkern des Erdkreises entweder vergötterte Menschen, oder menschenähnliche Gestalten, oder göttliche Thiere die allgemeinen Gegenstände der Anbetung. Selbst die Peruaner und Mexicaner, die sich zur Zeit der Entdeckung von Amerika schon ziemlich weit aus dem ersten Zustande der Wildheit herausgearbeitet hatten, waren doch immer noch entweder Anbeter der Gestirne, oder Verehrer der abscheulichsten Gottheiten.

Nach dieser allgemeinen Uebersicht geht nun der Verf. die berühmtesten Völker des bekannten Erdbodens einzeln durch, und zeigt, daß, ausser den Griechen, kein einziges, auch bey aller seiner übrigen Aufklärung, den wahren

ren einigen Gott auf dem Wege der Natur kennen gelernt habe. Die Musterung fängt bey den Egyptiern an, dem einzigen Volke in dem weiten Afrika, welchem mit einiger Wahrscheinlichkeit ächte Gotteserkenntniß zugeschrieben werden könnte. Aber auch nur wahrscheinlich. Denn bey genauerer Untersuchung findet sich das Gegentheil, wie in der 2ten Abtheilung des I. Abschnitts (S. 23. ff.) sowohl von dem ganzen Volke, als auch von der Priesterschaft ausführlich gezeigt wird.

Von den ältesten Zeiten an bis auf die Regierung der Griechen und Römer haben die Egyptier Sonne und Mond, Thiere und unzählige menschen- und thierähnliche Gestalten, nicht aber einen höchsten Weltschöpfer angebetet. Dieß beweisen 1) die einstimmigen Zeugnisse so vieler angesehenen Schriftsteller; Moses, Herodot, Plato, Diodor, Strabo, u. s. w. und läßt sich wohl vermuthen, daß alle diese Männer, die doch als Augenzeugen mit den Sitten und der Weisheit der Egyptier so genau bekannt waren, nur allein ihre bessern Religionsbegriffe sollten übersehen haben? 2) Das Eigenthümliche der Egyptischen Religion, und so alt als die Nation selbst, war der Thierdienst. (Man sehe Herrn Meiners vermischte Schriften. 1. Th. 7te Abh.) Wie unverträglich ist aber dieser mit der wahren Religion? 3) Selbst Manetho, der schaamloseste unter den Egyptischen Priestern, hat sich nicht getrauet, seinem Volke die Kenntniß des wahren Gottes anzudichten.

Und gleichwohl wollen sie einige neuere Gelehrte, insonderheit Cudworth und Jablonski unter diesem Volke entdeckt haben. Ihre hauptsächlichsten Gewährmänner sind die spätern Platoniker, Leute, die doch so viele Jahrhunderte von dem Zeitalter entfernt waren, wo die uralte Religion der Egyptier sich mit fremdem Aberglauben und Fabeln vermischt hatte; die sich ein eigentliches Geschäfte daraus machen, die abstechendsten Theorien der griechischen Weltweisen mit den ungereimtesten Religionslehren aller Völker zu vereinbaren, und dieß abgeschmackte Gemengsel noch mit ihren eigenen widersinnigen Erklärungen zu versetzen. Cudworth ist ein so unbesonnener Nachbeter dieser Vorgänger, kehrt sich so wenig an die offenbarsten Zeugnisse der Geschichte, daß Hr. M. seine Einfälle nicht einmal einer Widerlegung würdiget. Aber ganz anders behandelt er den gelehrten und scharfsinnigen Jablonski. Dieser führt bekanntlich vier Namen an, unter welchen sich die Egyptier entweder den Grundstoff der Welt, oder auch wohl eine wirkende Grundursache aller Dinge gedacht haben sollen. 1) Athor oder Venus, die formlose Materie, aus deren Schooß alles übrige entstanden, und die mit der Nacht der Orphischen Philosophen einerley gewesen seyn soll. Antw. Diese Muthmaßung beruhet lediglich auf einem Irrthum des Grammatikers Orion, den J. als seinen einzigen Gewährmann aufzuweisen hat, mit welchem Irrthum sie zugleich übern Haufen fällt. Denn hätte sich der sonst so gelehrte Jablonski nur der berühmten Stelle aus dem Plutarch (de Is. et Os. Edit.

Franc-

Franc. S. 374.) erinnert, laut welcher die Isis unter unzähligen andern Namen, weswegen sie μυριονομος hieß, auch den Namen μυδ und Αθυρι und Μεθυερ geführt hat, so hätte er sich leicht überzeugen können, daß Athor nicht mehr und nicht weniger als ein bekannter Beyname der Isis gewesen sey. 2) Phta, der Vulcan der Griechen, der mit der Venus, oder aus ewiger Materie die Welt erzeugt habe, das Oberhaupt und der Vater aller übrigen Götter. Antw. Daß die Egyptier unter dem Namen Ptha eine gewisse Gottheit verehret haben, ist durch die beygebrachte Zeugnisse ausser allem Zweifel gesetzt. Aber bey keinem der angeführten Schriftsteller ist Phta der Weltschöpfer. Herodot und Strabo scheinen ihn vielmehr nur für einen Schutzgott von Memphis gehalten zu haben; Cicero für den aus dem Nil erzeugten Schutzgott des ganzen Reichs; Diodor vermuthet, daß die Egyptier seiner Zeit unter diesem Namen das Feuer angebetet haben. Selbst Porphyrius und Jamblichus, die Gewährmänner des Jablonski, sind seiner Sache nicht lange günstig, denn jener läßt (Euseb. Praep. Euang. III. XI.) den Phta aus einem Ey entstehen, das Kneph, der höchste Weltschöpfer, aus seinem Munde hervorgebracht habe. Jamblichus hingegen, der Träumer setzt, (de Myst. Aegypt. VIII, 1.) den Phta weit hinter den ewigen unwandelbaren Gott und in die Klasse der, demselben untergeordneten Weltregenten. Horapollo endlich bezeugt ausdrücklich, daß der Phta unter ganz andern Symbolen vorgestellt werde,

werde, als die Landesgottheit der Egyptier, die er auch κοσμοκρατωρ und παντοκρατωρ nennt, die aber selbst eine Erdichtung dieses fabelhaften Grammatikers ist.

3) Zwischen dem Vulcan und der Neitha, oder Minerva findet J. so viele Aehnlichkeit, daß er die Egyptier eine und dieselbe oberste Gottheit unter diesen beiden Namen verehren läßt. Seine Gründe sind: erstlich die berühmte Inschrift des Tempels von Sais: Ich bin das All, das da war, und ist, und seyn wird; und meinen Schleyer hat noch niemand enthüllt. Und eine Stelle des Horapollo, nach welcher unter allen egyptischen Gottheiten nur allein Vulcan und Minerva beyderley Geschlechts gewesen seyn sollen. Antw. 1) Daß jene Inschrift eine bloße Erdichtung sey, hat Moßheim längst aus den überzeugendsten Gründen erwiesen, insonderheit aus dem Stillschweigen des Herodot, Plato, Strabo und Diodor. 2) Die Aehnlichkeit der Namen beweißt durchaus nichts für die Identität der Subjecte. 3) Plutarch bezeugt ausdrücklich (S. 354. 376.) daß die Isis oft den Namen Minerva geführt habe, und dieser mit dem Namen Neitha eins gewesen seyn.

4) Endlich sollen die Egyptier unter dem Namen Kneph den höchsten Gott und Weltschöpfer erkannt haben. (Porphyrius apud Euseb. III, 12.) Antw. Der ohnehin so verdächtige Porphyrius ist hierinn der einzige Zeuge, und ist aller Wahrscheinlichkeit nach, durch die prächtige Benennung Agathodämon zu diesem grundlosen Gedanken verleitet worden. Ausser ihm bezeugen alle andere Schriftsteller, daß sich in der Gegend

von Theben eine gewisse Art unschädlicher Schlangen gefunden, die man unter dem Namen αγαθων δαιμονων zuerst in Egypten, dann aber auch in andern Ländern angebetet habe. Hinter dieser Thebaischen Schlange hat denn Porphyr, aller Analogie des Egyptischen Thierdienstes zuwider, die oberste Gottheit gefunden. Und wenn Plutarch S. 359. erzählt, daß unter allen Egyptiern die Thebaner allein nichts zu den Begräbnißkosten der vergötterten Thiere beygetragen haben, weil sie ihren Kneph für unsterblich gehalten, (da sie doch nach dem ausdrücklichen Zeugniß des Herodots II, 74. ihre Schlangen im Jupiterstempel begraben haben); so ist der Irrthum des Plutarchs vermuthlich daher entstanden, weil er etwa gehört hat, daß alle Arten von Schlangen für Sinnbilder der Ewigkeit seyen gehalten worden.

Aber auch die egyptische Priesterschaft kannte den wahren Gott nicht. Jemehr dieser Satz mit den herrschenden Vorurtheilen so vieler Gelehrten, und mit ihren hohen Begriffen von der geheimen Weisheit der Egyptier absticht, desto ausführlicher sucht Hr. M. denselben (S. 87. ff.) zu beweisen. Zuerst zeigt er, wie überhaupt so wohl die despotische Regierungsverfassung Egyptens, als auch das besondere Verhältniß der Priesterschaft zum weltlichen Regiment, ihre Verwickelung in politische und so viele andere Geschäfte des Lebens, Tempeldienst, Arzneykunst, Erziehung der Jugend u. s. w. ihre gränzenlose Herrschsucht, ihr Interesse, Regenten und Volk in der Unwissenheit zu erhalten, ihr Bewußtseyn, ohne große Einsichten und Gelehrsamkeit, ohne Nebenbuhler aus andern Ständen, zu den höchsten Würden des Staates gelangen zu können, wie sehr dieß alles die zur Entdeckung des wahren Gottes erforderliche Bemühungen und Aufklärung des Geistes habe verhindern müssen. Daß aber dieß nicht bloße Vermuthung sey, und daß wirklich die egyptischen Priester in keinem Theile der Gelehrsamkeit das gewesen seyen, was man so oft aus ihnen machen möchte, und was sie zur wahren göttlichen Weisheit hätte erheben sollen, das beweißt H. M. stückweise mit den unverwerflichsten Zeugnissen. Wie erbärmlich, wie unzusammenhängend, wie voll der ungereimtesten Fabeln und der offenbarsten Lügen war z. E. ihre Geschichte, (S. 44. 45.) worauf sie sich doch so viel zu gut thaten. Eben so elend ihre geographischen, physischen, und medicinischen Kenntnisse. Wußten sie doch nicht einmal die Ursache von dem jährlichen Steigen und Fallen des Nils anzugeben; beteten sie doch sogar einen erdichteten Vogel an, und waren doch alle egyptische Aerzte zusammengenommen, nicht im Stande, den Darius Hystaspes an seinem verrenkten Beine zu heilen. Ihre ganze Mathematik war auf ein bißchen Feldmessen und Rechnen eingeschränkt. Was ihnen noch den größten und gegründetsten Ruhm der Gelehrsamkeit erworben hat, war ihre Sternkunde. (S. 50.) Und wahr ist's, sie haben zuerst das Jahr nach dem Sonnenlaufe eingetheilt. Aber

wie

wir wenig gehörte auch dazu? Keine mühsamen und verwickelten Rechnungen, nur fleißige Beobachtung. Und dann zählten sie ja noch zu den Zeiten des Herodots nur 365 Tage, wußten nichts von einem Schaltjahre, hatten unter sich die Sage, daß binnen 100 Jahrhunderten die Sonne zweymal im Occident aufgegangen und eben so oft im Orient untergegangen sey, ohne alle Verwirrung für den Erdball. Sollten endlich noch nach, dem fast allgemeinen aber unerweißlichen Vorgeben, die griechischen Weltweisen Thales, Pythagoras und Demokritus ihre geometrischen und astronomischen Kenntnisse aus Egypten geholet haben, wie wenig dürften doch ihre Lehrmeister auf solche Schüler stolz seyn, die alle zusammen die verworrenen Zeitrechnungen der Griechen nicht in Ordnung bringen, ja nicht einmal die Mondfinsternisse erklären konnten. Nach dem einstimmigen Zeugniß des Alterthums war Meton der erste Grieche, der das Jahr nach dem Sonnenlauf eintheilte, aber auf eine Weise, die durchaus keinen egyptischen Ursprung verräth, und Anaxagoras, der Egypten nie mit einem Auge gesehen, lehrte zuerst den Pericles und seine verständigern Zeitgenossen einen Weltschöpfer, so wie auch unter andern Erklärungen der Weltbegebenheiten, das Entstehen der Mondesfinsternisse.

Aus allen diesen Gründen hält sich nun H. M. für hinlänglich berechtiget, die großen Lobeserhebungen des Diodors und Strabo von der egyptischen Weißheit für

über-

übertrieben zu erklären. Mit dem leichtgläubigen und fabelhaften Diodor wird er bald fertig; aber wie sich auch der sonst so gelehrte und einsichtsvolle Strabo durch die Pralereyen der egyptischen Priester so sehr habe können berücken lassen, nimmt ihn mehr Wunder. Doch es ist nun einmal so. Aber wenn denn nach seinem und anderer Bericht die wandernden griechischen Weisen schon in den frühesten Zeiten so große Schätze der Weißheit aus Egypten in ihr Vaterland zurückgebracht haben, wie läßt sichs erklären, daß in demselben alle Wissenschaften bis auf die 50. Olympiade noch ganz zu Boden lagen, daß besonders die Naturlehre noch geraume Zeit nach den sogenannten 7. Weisen im kläglichsten Zustand sich befand, während daß sie im Handel, in der Regierungskunst und Gesetzgebung so ansehnliche Schritte schon gemacht hatten; und woher auch die vielen und großen Widersprüche in den physischen Lehrgebäuden des **Thales, Pythagoras und Democritus**, wenn sie doch ihre Naturkenntnisse aus der gemeinschaftlichen Quelle Egyptens geschöpft haben? Doch **Plato** und **Aristoteles** schreiben ja ausdrücklich diesen 3 Weisen die Ehre der Selbsterfindung zu. Kurz! hätten die griechischen Weisen den wahren Gott und Weltschöpfer in Egypten kennen gelernt, er würde ihren Landsleuten gewiß nicht biß auf die Zeiten des **Sokrates** und **Anaxagoras** verborgen geblieben seyn.

Nun bleibt dem Verf. nur noch ein Einwurf zu beantworten übrig. Was wird nehmlich auf diese Weise aus dem großen Hermes, dem so hochgepriesenen Erfinder aller Wissenschaften unter den Egyptiern? (S. 60.) Antw. H. M. hat schon an einem andern Orte, nehmlich in seinem Versuche über die Religionsgeschichte der ältesten Völker, besonders der Egyptier Kap. II. hinlänglich gezeigt, daß kein einziger glaubwürdiger Schriftsteller des Alterthums, nicht einmal Herodot und Diodor, der unglaublichen Erfindungen eines Hermes, seiner Säulen und unzähligen Schriften, auch nicht zweener Merkure Meldung thun. Zwar macht Plato in seinem Phädrus einen gewissen Hermes zum Erfinder vieler Künste; aber er hat bekanntlich dieses Gespräch noch als Jüngling und vor seiner Reise nach Egypten geschrieben; und nach seiner Rückkehr widerruft er jene Aeusserungen in seinem Philabus. Kurz! der schaamlose und fabelnde Manetho ist der Urheber und hauptsächlichste Gewährmann jener abgeschmackten Erzählungen von dem egyptischen Hermes und seinen Schriften. Welche Autorität!

II. Abschnitt. Von der Gotteskenntniß der Phönizier. (S. 53.) daß dieses Volk der schnödesten Abgötterey, insonderheit dem abscheulichen Saturndienst ergeben gewesen sey, leugnet niemand. Aber doch ihre Priester und Weisen wollen einige von diesen Greueln freysprechen. Diese sollen eine schöpferische Weltkraft,

kraft, nehmlich die dunkle und geistathmende Luft (αἔρα ζοφώδη και πνευματώδη) angenommen, und nach der Erklärung des Sanchuniathon unter diesem Element den grossen Weltschöpfer erkannt haben. Aber wer wollte auf das Wort dieses einzigen Sanchuniathon den Phöniziern Religionsmeynungen entweder beylegen oder absprechen? Es ist gar zu augenscheinlich, daß Sanchuniathon ein leerer Namen und eine erdichtete Person ist, welche Philo Byblius, der Urheber dieser ganzen, beym Eusebius (Praep. Ev. I. 10.) aufbewahrten Fabel, zuerst auf die Bahn gebracht. Denn wie sollte sonst bey dem langen und vielen Verkehr, den die Griechen und Phönizier von je her mit einander gepflogen hatten, dieser Sanchuniathon allen Griechen biß auf die Zeiten des Philo völlig unbekannt geblieben seyn? Und dann die vielen Widersprüche in diesem Fragment. Bald soll Sanchuniathon seinen Stoff von einem Priester des unbekannten Gottes Jevo, bald aus den Hermetischen Schriften oder aus andern Tempelschätzen seines Volks geschöpft haben. Bald sollen die Phönizier nichts anders als vergötterte Menschen; bald aber auch unsterbliche Gottheiten und sogar Schlangen angebetet haben. Ferner, war S. ein Zeitgenosse der Semiramis, wie Philo vorgiebt, woher die vielen Namen von Städten, Göttern und Menschen aus offenbar spätern Zeitaltern und aus der spätern Mythologie der Griechen? Aus diesen und noch mehrern Gründen wird es augen-
scheins

ſcheinlich, daß die Geſchichte des Sanchuniathons eine bloße Erdichtung des Philo ſey. Und wenn auch Clemens, Euſebius und Porphyrius eines wirklichen Phöniziſchen Schriftſtellers Sanchuniathon Erwähnung thun, ſo kennt man ja die Leichtgläubigkeit und Unbeſonnenheit dieſer Männer, die ſich ſo viele andere erdichtete Schriften dieſer Art haben aufbürden laſſen. Am wenigſten gilt hier das Zeugniß des abergläubigen Porphyrius, der ſelbſt ein Phönizier war.

Doch zugegeben, Philo habe nicht das ganze Fragment erſt geſchmiedet, ſondern nur mit einigen ſeiner Zuſätze verfälſcht, ſo iſt aus demſelben die beſſere Gotteserkenntniß der Phöniziſchen Prieſter durchaus nicht erweißbar. Denn nach den ausdrücklichen Worten des Sanchuniathon haben ſie weiter nichts geglaubt, als das jene finſtere geiſtige Luft ſich mit dem Chaos begattet, daraus den Limus (μοτ oder ιλυν) Schleim erzeugt, aber ſein eigenes Kind ſogleich ſelbſt nicht mehr gekannt habe. Welcher Abſtand nun zwiſchen dieſer Kosmogonie und der damit verwandten Entſtehung der Thiere aus der Fäulniß einer wäſſerigten Miſchung (ὑδατος μιξεως σηψει) — und zwiſchen einer verſtändigen Grundurſache aller Dinge? Doch Euſebius und Philo finden ja ſelbſt in dieſer Kosmogenie der Phönizier keine wahre Gottheit, wie einige neuere, ſondern bekennen ausdrücklich, daß ſie außer einigen ſterblichen und unſterblichen Göttern, Sonne, Mond und Sternen, den vier Elementen, keine andere Gottheit gekannt haben. Wer aller dieſer Gründe ungeachtet, den doch ſonſt ſo cultivirten Phöniziern die Erkenntniß des wahren Gottes nicht will nehmen lassen, den verweiset H. M. zum Beschluß auf die beiden bekannten Beyspiele der belagerten Tyrier und Carthaginenser, die das ihnen drohende Unheil durch die abscheulichsten Menschenopfer, letztere sogar vermöge eines förmlichen Senatsschlusses abzuwenden suchten; zum augenscheinlichsten Beweiß, wie wenig sich von der Macht, Kriegswissenschaft, Politik, und andern dergleichen Einsichten der Großen eines Volks auf ihre eben so vollkommene Religionskenntnisse ein sicherer Schluß machen lasse.

III. Abschnitt: Von der Religion der Chaldäer. (S. 74.)

Trotz dem ausdrücklichen Zeugnisse Moses, des ältesten und glaubwürdigsten Schriftstellers, daß Abraham auf göttlichen Befehl das abgöttische Chaldäa verlassen habe; trotz dem Stillschweigen aller griechischen Geschichtschreiber, die einer von den chaldäischen Magiern angebeteten höchsten Gottheit nicht mit einem Worte gedenken; trotz den klaren Berichten Herodots, Arrians und anderer, von der Gottlosigkeit und zügellosen Lasterhaftigkeit der Priester dieses Volks; — haben gleichwol verschiedene Gelehrte die Religionsvertheidigung dieser Nation und ihrer sogenannten Weisen, auf das Ansehen einiger wenigen zum Theile spätern und äusserst verdächtigen Zeugen übernommen.

Ihr erster Gewährmann ist Berosus, ein Priester des chaldäischen Gottes Belus und berühmter Sterndeuter zur Zeit Alexanders des Großen, in seinen Chaldaicis, wovon Syncellus, Josephus und Eu-

sebius

sebius einige Bruchstücke aufbewahret haben. Aber wie wenig diesem Nationalgeschichtschreiber der Chaldäer zu trauen sey, beweisen 1) seine vielen offenbaren Diebstäle aus den Schriften Moses, dessen Erzehlung von der Entstehung der Erde aus dem Chaos, von ihrer allgemeinen Ueberschwemmung, von der wunderbaren Erhaltung des Noah, vom babylonischen Thurnbau, von den Begebenheiten Abrahams er mit den nehmlichen Worten des H. Geschichtschreibers anführt, denn aber auch mit den Wundern seines Volkes, mit seinen eigenen Erdichtungen und mit den Fabeln der Griechen auf die schaamloseste Weise unter einander mengt. Zum Beyspiel das angebliche hohe Alter seiner Nation, dessen Annalen auf 150000 Jahre zurückgehen sollen. 2) Was kann abgeschmackters und widersprechenders seyn, als die Theogonie und Kosmogonie des Berosus selbst? Ein Ungeheuer, Namens Oannes, das sich des Tages auf dem Lande, des Nachts im Ocean aufgehalten, soll die ersten Menschen die Künste und Wissenschaften gelehret haben. Hierauf eine Menge anderer Ungeheuer, unter andern auch Menschen mit gedoppelten Gliedmaßen, (aus dem Phädrus des Plato) und Hippocentauren (aus der griechischen Mythologie.) Die Beherrscherin aller dieser Thiere Hamoraca habe alsdann Belus entzwey gehauen, um aus ihren Stücken Erde und Himmel zu schaffen. Er selbst Belus habe sich den Kopf abgehauen, damit aus seinem göttlichen Blute Menschen entstünden, und um die Welt noch mehr zu bevölkern, habe er eine andere Gottheit zu ähnlichem Selbstmord gezwungen. 3) Und gesetzt auch, diese Ungereimtheiten und Widersprüche

sprüche seyen in der Urschrift des Berosus nicht so unmittelbar auf einander zusammengedrängt, wie bey seinem Fragmentisten Syncellus, so sieht man doch aus der ganzen Grundlage dieser Erzählungen, wie entfernt die Chaldäer von der Lehre des wahren Gottes gewesen seyen. Sehr wahrscheinlich ist auch die Vermuthung des H. M. (S. 83.) daß jene Fabeln vom Belus alsdann erst erdacht worden seyen, da die Chaldäer diesen ihren Gott von der Sonne, mit der er Anfangs eins war, unterscheiden und unter Menschengestalt vorstellen wollten.

Die zwote Hauptstütze für die Verfechter der Chaldäischen Religion ist die merkwürdige Stelle beym Diodor (II. 143. ff.) nach welcher die Chaldäer die Welt für ewig gehalten haben, mit dem Beysatze: την δε των ολων ταξιν τε και διακοσμησιν θεια τινι προνοια γεγονεναι, και νυν εκαςον των εν ερανω γινομενων, ουχ ως ετυχεν, κδ' αυτοματως, αλλ' ωρισμενη τινι και βεβαιως κεκυρωμενη θεων κρισει συντελεισθαι. Und wirklich, wenn sie in dieser Stelle eine höchste, NB. von der Welt verschiedene Gottheit gefunden haben, so ist die Beschuldigung des Hrn. M. ganz gegründet, daß sie die Stelle zu flüchtig übersehen, und mehr aus den einzelnen Worten, als aus dem ganzen Zusammenhange erklärt haben. Denn von einem einzigen höchsten Gott, Schöpfer und Erhalter aller Dinge sagt in derselben Diodor nicht ein Wort, sondern er will eigentlich nur Rechenschaft geben, wie die

Chal-

Chaldäer auf den Gedanken gerathen seyen, aus dem ordentlichen Laufe der Gestirne zukünftige Dinge voraus zu verkündigen; weil sie nehmlich die Welt für ewig, und die Bewegungen der großen Himmelskörper nicht für blos zufällige, oder innerlich nothwendige, sondern für freye und planmäßige Wirkungen gewisser Gottheiten gehalten haben. So weit also ganz richtig. Alleine wenn jener Vorwurf der Nachläßigkeit und der Mißbeutung, wie es scheint, auch diejenigen Gegner des Herrn M. treffen soll, die, (wie z. E. der berühmte Brucker, dessen übrigens Herr M. bis hieher zu unserm großen Befremden nicht mit einem Worte gedacht hat,) in dieser Stelle wenigstens einen höchsten Weltgeist gefunden haben; so ist derselbe offenbar übertrieben. Denn da die Ἶσις πρόνοια, als Ordnerin und Bildnerin des Universums, (τῶν ὅλων) von den verständigen Regenten der himmlischen Körper und ihrer Bewegungen ausdrücklich unterschieden wird, so kann jene nach der Analogie der ganzen Erklärung nichts anders seyn, als der allgemeine Weltgeist, dem die beseelten Himmelskörper, die Θεοὶ βουλαῖοι, wie sie in der Folge heißen, untergeordnet sind. Eine Theorie, die wenigstens der wahren Gotteserkenntniß um einen großen Schritt näher käme, als Hr. M. von der Religion der chaldäischen Magier zugeben will. Aber denn käme es freylich noch auf die wichtige Frage an, ob auch Diodor das System der Chaldäer recht gefaßt und dargestellt habe. Und hierinn hat freylich kein Ansehen bey unserm Verf. wenig

Gewicht. Noch weniger aber, und zwar mit dem größten Rechte, jenes Orakel des delphischen Apolls:

μκνοι χαλδαιοι σοφιαν λαχον ηδ' αρ εβραιοι
αυτο γενεθλον ανακτα σεβαζομενοι θεον αγνως

das Eusebius (IX, 10. Praep. Euang) aus einem Buche des Porphyrius anführt. Vermuthlich ist es wie mehrere dergleichen Göttersprüche, von einem hirnlosen Kopfe zu derjenigen Zeit ausgebrütet worden, als Griechen und Römer sich eine Ehre und Pflicht daraus machten, alle fremde Götter in ihren Schooß aufzunehmen.

Natürlich führte nun die Ordnung den Verf. auf die Religion der Perser und auf die Lehre des Zoroasters. Er verweißt aber seine Leser auf die drey besondern Vorlesungen, welche er seit einigen Jahren in den Versammlungen der königl. Gesellschaft der Wissenschaften zu Göttingen über diese Materie gehalten hat, und denen aufs nächste Jahr noch eine vierte nachfolgen soll. Alleine um des Zusammenhanges willen, und um hier ein Ganzes zu haben, hätten wir gewünscht, daß Hr. M. wenigstens das Wesentlichste jener ausführlichen und gründlichen Abhandlungen, in Rücksicht auf die Lehre vom wahren Gott, der gegenwärtigen Schrift einverleibt hätte. Aus diesem Grunde wollen wir denn auch diese Lücke ausfüllen, und aus den beyden ersten Aufsätzen: De Zoroastris vita, institutis, doctrina et libris,

(denn

(denn die dritte Abhandlung: von den verschiedenen Verwandlungen der persischen Religion kennt Recensent zur Zeit blos nach ihrem Hauptinnhalt aus dem 82ten Stück der göttingischen gelehrten Anzeigen d. J.) das hieher gehörige Resultat ausziehen.

Dieß besteht darinn, daß Hr. M. den Persern eben so wohl als den bißher genannten Völkern wahre Gotteskenntniß abspricht. Seine Gründe sind: 1) Das allgemeine Stillschweigen aller Persischen Geschichtschreiber vor Alexander M. und zu seinen Zeiten. Keiner derselben hat unter diesem Volke den Glauben an einen höchsten Weltschöpfer gefunden, und der persische Zeus, dessen Herodot und Xenophon gedenken, ist davon himmelweit verschieden. 2) Auch stimmt dieser Glaube weder mit den alten Sitten, noch mit der ganzen Lage der Perser überein. Sie waren Scythischen Ursprungs, führten noch zu Cyri Zeiten größtentheils eine nomadische Lebensart, behielten auch lange nach der Ueberwindung Asiens nomadische Sitten bey, und waren überall von abgöttischen Völkern umgeben. Dieser ganzen Lage war denn auch ihre Religion anpassend. Man trift nehmlich in dem ganzen Götterdienste dieses Volks nichts an, was man nicht unter mehrern Scythischen, Celtischen und andern nomadischen Völkerschaften eben so wieder fände. Die Perser verehrten ursprünglich weder vergötterte Menschen, noch menschenähnliche Gottheiten, noch göttliche

Thiere; sondern sie beteten ganz allein den Himmel oder die Luft, den die Griechen Zeus, und die Perser wahrscheinlich Oromasdes nannten, ferner die Sonne oder den Mithras, den Mond, die Erde, das Wasser oder die Flüsse an. Unter diesen Gottheiten war diejenige, welcher die Griechen den Namen Zeus gaben, die größte: auf diese folgte die Sonne: unter den übrigen hingegen scheint in den alten Zeiten keine vorzüglich vor den andern verehrt worden zu seyn. 3) Ist es wohl glaublich, daß das nehmliche Volk in seinem rohesten Zustand den wahren Gott sollte gekannt, nachher aber, und NB bey immer wachsender Aufklärung, diesen Glauben mit neuer Abgötterey sollte gepaaret, und zuletzt ganz verleugnet haben? Denn daß die Perser unter dem Artaxerxes noch die Assyrische Venus unter ihre ohnehin schon zahlreiche Götter aufgenommen, und ihr in den größten Städten des Reichs prächtige Tempel erbaut; — daß sie unter der Herrschaft der Griechen und Parther fast auf dieselbige Art dieselbigen Götter angebetet, nur daß nach dem Alexander in Persien selbst Feuertempel erbaut wurden, und von dieser Zeit an die Majestät und Verehrung des Feuers mit jedem Zeitalter zunahm, — daß sie endlich diesen abergläubischen Feuerdienst biß auf den Einfall der Araber im 7ten Jahrhundert nach Ch. G. fortgesetzt, und daß ihre spätern Nachkommen nicht anders als durch die unerbittlichsten Grausamkeiten haben können dahin gebracht

bracht werden, eben den Gott des Himmels und der Erden anzubeten, oder doch es vorzugeben, deſſen Ableugnung oder Nichterkenntniß Millionen ihrer Vorfahren in das Schwerdt von Arabern oder Tartarn geſtürzt hatte;— dieß alles iſt unwiderſprechliche Geſchichte. 4) Sollter etwa auch, nach dem Vorgeben einiger Gelehrten, wenigſtens die Perſiſchen Magier in ihren Myſterien den wahren Gott gelehret haben, ſo wars doch nicht Volksglaube, am allerwenigſten rührte er vom Zoroaſter her. Deß wird vermuthlich der Gegenſtand der noch verſprochnen vierten Abhandlung des Hrn. M. ſeyn. 5) Die Zagniſſe des Eubulus, Euſebius und Dio Chryſoſtomus, auf welche ſich die Vertheidiger der ältern Perſiſchen Religion hauptſächlich ſtützen, ſind äußerſt verdächtig. Eubulus, höchſtwahrſcheinlich ein Zeitgenoſſe des Pophyrius oder doch nur wenige Jahre früher, nach alle. Merkmalen ein ſehr leichtgläubiger und unwiſſender Schriftſteller, wen ſollte der, trotz der einſtimmigen Ausſage des ganzen Alterthums bereden können, daß die Perſer unter dem Namen Mithras den wahren Gott angebetet haben? Euſebius erzählt ohnehin nur dasjenige nch, was er in den, kurz vor ſeiner Zeit erdichteten Schriften eines Sanchuniathon, Zoroaſter, Manetho u. ſ. w. gefunden hat, und durch den Beweiß ihrer Unächtheit fällt auch hier ſein ganzes Anſehen. Dio Chryſoſtomus, ein Nachäffer des Plato, hat vielleicht geleſen oder gehört, daß dem Jupiter und der Sonne

B 5   Pferde

Pferde und Wagen unter den Persern heilig gewesen, und dieß brachte ihn auf die bekannte Fabel im Phädrus des Plato, die er alsdenn mit seinen Auszierungen auf die Perser übergetragen, und aus diesem Jupiter auriga den höchsten Weltregenten gemacht hat. 8) Selbst die merkwürdige Stelle II. Chron. 36, 23. beweißt gegen die bißher angeführten Gründe nichts mehr, als daß höchstens Cyrus für seine eigene Person den Jehovah der Israeliten für einen wahren Gott entweder wirklich erkannt, oder wenigstens wegen der ihm, in dessen Namen ertheilten schmeichelhaften Weissagung aus einer ganz natürlichen Eitelkeit dafür ausgegeben habe; keineswegs aber, wie der berühmte Herr Ritter Michaelis in seinem mosaischen Recht I. Th. S. 108. behauptet, daß die Perser überhaupt Feinde des Götzendienstes gewesen seyen, und nur einen einzigen unsichtbaren Gott unter dem Symbol des Feuers angebetet haben; — am allerwenigsten daß von derselbigen Zeit an die Juden nach dem Beyspiel der Perser, eifrige Diener eines einzigen Gottes geworden seyen. Die weitere Ausführung der Gründe, welche Hr. M. der Michaelischen Behauptung entgegensetzt, sehe man am Ende der zwoten Abhandlung S. 87—95.

IVter Abschnitt: Religion der Indianer und ihrer Brachmanen (S. 91.)

Die Religionsgeschichte der Indier ist desto wichtiger, je weiter dieses, obgleich friedsame Volk, seine Kenntnisse alſſe und Religion gegen Morgen und Mitternacht verbreitet hat. Sie iſt aber auch wegen der vielen Widerſprüche ihrer ſo wohl ältern als neuern Geſchichtſchreiber ſehr dunkel, deren Anſehen eben deßwegen deſto ſtrenger geprüft werden muß.

Auſſer dem Cteſias, von deſſen Buche de rebus Indicis Photius einige Bruchſtücke aufbewahret hat, und dem Herodot, der ſeine Nachrichten von Indien wahrſcheinlich den Perſern zu danken hatte, war dieß Land vor dem Zuge Alexanders des Großen den Griechen völlig unbekannt; und was nachher die Begleiter dieſes Eroberers, Nearchus aus Creta und Oneſicratus, ein Schüler des Diogenes Cynicus, davon erzählen, das iſt ſo voller Mährchen und offenbarer Lügen, verräth ſo deutlich ihre Abſicht, durch Vergrößerung der Macht, des Reichthums, der Künſte Indiens, die Siege Alexanders noch wichtiger zu machen, daß ſie höchſtens nur da einigen Glauben verdienen, wo ſie, ihres Plans uneingedenk, ſich in der Beſchreibung dieſes Landes ſelbſt widerſprechen, und ihre Saiten herunterſtimmen. Eben dieß gilt vom Megaſthenes, dem nachmaligen Geſandten des Seleucus Nicator an einige Indiſche Regenten. Nicht genug, daß er den indiſchen Brachmanen Lehrſätze beylegt, die den damaligen Grad ihrer Aufklärung weit übertreffen, ſo ſind ſie auch unter einander widerſprechend. Einmal z. E. ſoll die ganze Welt aus dem Waſſer entſtanden ſeyn, nach der bekannten Theo-

rie

rie des Thales, und sogleich darauf sollen die Brachmanen, wie Aristoteles, ein fünftes Element als den Ur-
stoff des Himmels und der Erden angenommen haben.
Höchstens kann man ihm also darinn glauben, daß Indien damals schon eine gewisse Klasse von Zauberern, unter dem griechischen Namen Gymnosophisten gehabt
habe. Philostratus, ein viel späterer Zeuge, in der
Lebensbeschreibung des Apollonius von Thyana, hat
gar zu sichtlich den Anführer der Gymnosophisten, Jar-
cha, in einen zweeten Pythagoras verwandeln wollen.
Aber wie er sich in der Angabe der Lehrsätze dieses griechischen Philosophen betrogen hat, eben so widersprechend
ist er auch in der Bestimmung der Brachmanischen Philosophie. Bald soll nach derselben die Welt von sich
selbst aus den 4. Elementen nebst dem Aether entstanden seyn; bald soll sie eine besondere Gottheit erschaf-
fen haben. Aus der Vergleichung der noch spätern griechischen und römischen Schriftsteller, des Plinius, Plutarchs, Apulejus, Clemens Alex. und Porphyrs
ergiebt sich nichts Zuverläßiges, als daß in Indien zwo besondere Klassen von Menschen gewesen, die sich durch ihre strenge und einsiedlerische Lebensart sehr ausgezeichnet, und
sich in einen großen Credit der Weißheit und Heiligkeit
gesetzt haben. Noch ist Palladius übrig, ein
Schriftsteller aus dem vierten Jahrhundert, dessen In-
dica der berühmte Engländer Eduard Bissäus im J.
1665.

1665. zu London herausgegeben hat. Alleine Palladius sagt selbst, er sey zwar an die Küste Indiens gekommen, habe aber nie mit den Gymnosophisten gesprochen, als welche zu tief im Lande am Ganges sich aufhalten; sondern er habe alle seine Nachrichten von den Brachmanen blos aus dem Munde eines gewissen Scholastikers, der ins Innere des Landes eingedrungen sey. Aber zum Unglück hat ihm dieser gute Mann nichts als die widersinnigsten Mährchen vom Lande selbst, und von den Brachmanen nur so viel erzählt, daß sie bey ihren Gebeten nicht die aufgehende Sonne, sondern den ganzen Himmel anblicken, (Lucian hingegen macht die Indier zu Anbetern der Sonne) und daß ihre Gotteskenntniß nicht sonderlich tiefsinnig (ου λεπτη) sey.

Aber wenn dann nach der bisherigen Aeusserung des Herrn M. die Indianer vor Alexander dem Großen weder Wissenschaften, noch viel weniger ächte Philosophie gehabt haben, wie kömmts dann, daß, nach den fast einstimmigen Zeugnissen neuerer Reisebeschreiber, eben diejenigen Lehren nicht nur heutzutage unter ihnen vorhanden sind, sondern schon seit vielen Jahrhunderten da geherrschet haben, welche ihnen die bisher zu leicht befundenen ältern Schriftsteller beygelegt haben? Um diese Frage gründlich zu beantworten, untersucht Hr. M. mit gleicher Genauigkeit auch den Werth dieser neuern Zeugen.

Abraham Roger, ein holländischer Prediger auf der Küste von Coromandel vom J. 1630. bis 1640. und

Franz

Franz Bernier, der sich 12 Jahre am Hofe des grossen Mogols als dessen Leibarzt aufgehalten hat, und 1688. zu Paris gestorben ist, sind in der so schweren Bestimmung der eigentlichen Lehrsätze der heutigen Brachmanen noch die besten Gewährsmänner. Hollwell ist mit ihnen weder in Ansehung des Beobachtungsgeistes, noch der Treue durchaus nicht zu vergleichen; er ist ein zweyter Megasthenes, ein bis zur Geringschätzung der christlichen Religion übertriebener Bewunderer der Brachmanischen Philosophie, voller Erdichtung und kühnen Widerspruchs, ja er widerspricht sich oft selbst, indem er z. E. den höchsten Gott der Braminen bald mit den erhabensten Ausdrücken schildert, bald ihm wieder die gotteslästerlichsten und lächerlichsten Fabeln andichtet. Dow lange nicht so leichtgläubig, wie Hollwell, erzählt als ein ehrlicher Soldat, aber es fehlt ihm an scharfsinniger Beurtheilung fremder Zeugnisse. Eben so Anquetil; er ist glaubwürdig, wo er selbst gesehen zu haben vorgiebt.

Alles nun auf der genauesten Wage der Kritik gehörig abgewogen, ist es unleugbar, daß von den ältesten Zeiten her die Brachmanen in mehrere Sekten sich vertheilet, alle aber einstimmig ein gewisses göttliches Buch Beth-Beda oder Wiedam, einen einzigen höchsten Urheber und Regenten der Welt, eine unzählige Menge Untergötter beyderley Geschlechts unter sehr verschiedenen Namen angenommen haben. Den eigentlichen Urheber dieser heil. Schriften, und die Zeit, wenn sie verfasset worden, weiß zwar keiner genau zu bestimmen; daher die Sage, daß
sie

sie entweder vom Himmel gefallen, oder ihren Vorfahren von einem gewissen Gotte Bramah übergeben worden seyen. Die alte, sehr reiche und fein ausgedachte Sprache, in der sie geschrieben sind, die aber heutzutage nur von den wenigsten verstanden wird, heißt Shanscrita. Aus den verschiedenen Erklärungen dieses Buchs sind in der Folge die verschiedenen Sekten der Brachmanen entstanden. Die Lehre von der Seelenwanderung ist allgemein, und eine Folge derselben ist die Schonung und Ehrerbietung gegen die Thiere, zum Theil auch die Vergötterung derselben.

So einstimmig aber die Brachmanen in diesen Lehrsätzen sind, eben so sehr weichen sie in ihren Erklärungen von dem Ursprung und Untergang der Welt, von dem Wesen Gottes und der Untergottheiten, von den Endursachen des Guten und Bösen in der Welt, von einander ab. Einige lassen die Welt aus Atomen; andere, wie Aristoteles, aus der Materie und den Formen; wieder andere aus den 4 Elementen und dem Nichts oder der Finsterniß entstehen. Eine besondere Sekte lehrt, Gott habe die Welt wie die Spinne ihr Gewebe, aus sich selbst geschaffen; er sey aber dem ungeachtet ein einfaches Wesen. Auch schreiben sie ihm die erhabensten Eigenschaften zu, erklären ihn für den Erhalter und Regenten des Weltalls. Aus seinem Wesen kommen alle Seelen der Menschen und Thiere, und sinken einst in dasselbe wieder zurück. Sie definiren auch Zeit und Raum, wie Plato. Gegen diese Sekte streitet eine andere, mehr Aristotelisch gesinnte, die außer einem immateriellen Weltgeiste noch eine leidende und trennbare Weltseele annimmt; auch ewige Zeit und Raum, und

und mit Zeugungskraft begabte Atomen. Beede Secten kommen aber darinn überein, daß die Welt einst durch Gottes Kraft und Willen wieder vergehen werde. Offenbar die nehmlichen Lehren des Plato und Aristoteles, zum Theil auch des stoischen Zeno. Da nun aber die beyden erstern ihre Systeme bekanntlich selbst ausgesonnen, und bereits mehrere Jahre vor dem Zuge Alexanders nach Indien mündlich und schriftlich gelehret haben, da auch Zeno von keinem einzigen Gelehrten für einen Schüler der Braminen gehalten wird; da selbst des Pythagoras und Demokrits vorgebliche Reisen nach Indien nicht erweißbar sind; und wären sie es auch, so sind sie ja in ihrer Theologie und Kosmogenie von den eben genannten Philosophen sehr verschieden, — so ist aus diesen Gründen zusammengenommen, die Frage zum Theil schon beantwortet, wie und woher die Wissenschaften und die noch vorhandenen Religionsbegriffe nach Indien gekommen seyen.

Ausführlicher hat schon der berühmte Bayer in seiner Historia regni Graecorum Bactriani diese Frage erörtert, aber Hr. M. schmeichelt sich, daß er ihm hierinn noch eine beträchtliche Nachlese überlassen habe.

Die ersten Lehrer der Brachmanen waren also die Griechen. Denn es ist bekannt, daß sich Alexander der Große alle Mühe gegeben, die unterjochten Völker mit ihren Ueberwindern in nähere Verbindung zu bringen; daß er zu diesem Ende zehen tausend seiner Griechen,

nach

nach seinem einigen Beyspiel an persianische und andere fremde Frauenzimmer verheyrathet, daß er in den besiegten Ländern Asiens Städte und Colonien, in Indien besonders Bucephalia und Nicäa angelegt, daß er 30000. Jünglinge aus den besten Familien der überwundenen Völker in der griechischen Sprache und Gelehrsamkeit unterrichten lassen, und daß ihm auch Plutarch die Aufklärung Asiens zum größten Verdienste angerechnet hat. Ein gleiches thaten nach ihm die griechischen Statthalter und Beherrscher dieser Länder. Selbst unter der Regierung der Parther verbreitete sich die griechische Gelehrsamkeit immer mehr durch Asien aus. Die Arsaciden nannten sich Φιλελληνας; Und nun ists sehr glaublich, daß zur Zeit des K. Augusts ein regulus der Indier seinen Gesandten mit einem griechischen Schreiben an den Beherrscher Roms geschickt habe. S. Nic. Damascenus beym Strabo XV. 719.

Aber noch durch andere und mehrere Wege kam Aufklärung nach Indien. So sind z. E. durch die grausamen Verfolgungen der neuern Persischen Könige viele Anbeter des wahren Gottes aus Persien dahin vertrieben worden. Noch mehr! Schon auf der Kirchenversammlung zu Nicäa ist einem ihrer vornehmsten Beysitzer die Ausbreitung der christlichen Religion in Indien, als ein besonderes Geschäfte aufgetragen worden. (Hist. Syn. Nic. II. 28.) Weiter bezeugt Cosmas Indopleustes (der Indienfahrer), daß zu seiner Zeit (300. Jahre

Jahre nach dem Philostratus) viele christliche Gemeinden mit ihren Vorstehern (sie waren Mönche) durch Bactrien und Indien zerstreuet worden seyen. Anquetils Bericht ist also gar nicht unwahrscheinlich, daß noch die heutigen Juden und Christen Indiens von 900. bis 1000. Jahren her die Gesetzbücher der Indischen Könige besitzen; der alten und allgemeinen Sage, daß der H. Thomas das Evangelium in Indien geprediget habe, hier nicht einmal zu gedenken.

Und zuletzt noch die Araber bald nach dem Tode Muhameds. Alle ihre Schriftsteller, besonders Ferishta, den der berühmte Engländer Dow vor kurzem in seine Sprache übersetzt hat, bezeugen einmüthig, daß die Califen in Indien öffentliche Schulen errichtet, und eben die Wissenschaften, die sie ursprünglich selbst den Griechen zu verdanken hatten, daselbst verbreitet haben.

Kein Wunder also, wenn in neuern Zeiten die christlichen Missionarien entdeckt haben, daß die Brachmanen fast alle ihre Zahlen, so wie die Zeichen des Thierkreises mit griechischen oder lateinischen Worten benennen, daß sie für die ersten und unentbehrlichsten wissenschaftlichen Begriffe keine eigenen, sondern lauter fremde Namen haben; daß so viele ihrer Religionsmeynungen offenbar christlichen Ursprungs sind. So benennen sie z. E. die guten und bösen Engel lateinisch; die Hölle heißt bey ihnen Gehenna; ihr göttlicher Lehrer Wisteu oder Brähman soll erst bey seiner siebenden Erscheinung auf der Erde den Namen Christus oder Chrixnu angenommen haben; der Vater des menschlichen Geschlechts heißt

bey

bey ihnen Abim; die Ewigkeit der Belohnungen und Strafen nach diesem Leben beweisen sie aus der Unendlichkeit der göttlichen Eigenschaften.

Und nun noch die letzte Frage: Wenn eigentlich die Brachmanen die griechische Philosophie zu lehren angefangen haben? Nach der sehr gegründeten Vermuthung des Hrn. M. nicht lange vor Christi Geburt. Denn Clemens von Alexandrien erwähnt zuerst eines berühmten und unter den Indiern göttlich verehrten Lehrers, Butta oder Bubba. Aller Wahrscheinlichkeit nach der nehmliche, unter dessen Namen Gott, der Visteu der Brachmanen, der Lo der Thibetaner, der Sommona-Codom der Siameser, der Fo oder Esekia der Chineser, der Bubba der Japaneser angebetet wurde. Daß aber dieser Gott, oder doch erster Gotteslehrer Indiens nicht schon, wie die mehresten behaupten, 7. Jahrhunderte vor Ch. G. existirt habe, beweißt Hr. M. aus einem gedoppelten Grunde: einmal, weil Strabo und Arrian seiner nicht mit einem Worte gedenken, und dann, weil unter jener Voraussetzung seine Lehrsätze sich viel früher und weiter hätten ausbreiten müssen, als man nicht gefunden hat. Dieser Bubba vermischte also zuerst griechische Lehrmeynungen mit dem frühern Aberglauben der Brachmanen. Von ihm kamen die vielen Schaaren Schüler, die in der Folge mit vereinigten Kräften die obenerwähnte so berühmte und kunstreiche brachmanische Sprache erfunden haben. Auf diese

dieſe Weiſe mögen auch etliche Jahrhunderte nach Ch. G. die bekannten 4. Bücher Beda oder Vedam entſtanden ſeyn. Ob ſie noch ganz vorhanden, daran zweifeln die heutigen Brachmanen ſelbſt. Etliche Jahrhunderte ſpäter ſind ohne Zweifel erſt die mancherley Commentare des Vedam erſchienen, worunter der Ezaur-Vedam einer der merkwürdigſten iſt, der vor zwey Jahren aus der königl. Bibliothek zu Paris in franzöſiſcher Ueberſetzung ans Licht trat. Wichtig iſt am Ende noch die Bemerkung des Hrn. M., daß aus dieſen h. Schriften die Religionsmeynungen des ganzen indiſchen Volks eben ſo wenig beurtheilt werden dürfen, als der Volksglaube der ehemaligen Griechen aus den Schriften des Plato und Ariſtoteles. Selbſt nicht einmal die Religion der heutigen Brachmanen. Denn dieſe Gotteslehrer ſind durch lange Kriege, Verfolgungen und andere Mühſeeligkeiten in eine ſolche Unwiſſenheit nach und nach geſtürzt worden, daß die wenigſten unter ihnen noch jene alte Urſprache dieſer Bücher verſtehen. So haben ſie auch ſchon Roger und Bernier im vorigen Jahrhundert gefunden. Ihre Begriffe von der Gottheit ſind bereits ſchon mit ſo vielen und groben Irrthümern vermiſcht, (S. 137—139.) daß Hr. M. mit gutem Grunde befürchtet, es möchten ſich in kurzer Zeit die unter ihnen hier und da noch befindlichen Spuren des Chriſtenthums vollends ganz verlieren.

Vier

Vter Abschn. Von der Religion der Chineser, insonderheit von der Lehre des Confucius. (S. 131—161.)

Hört man die Jesuiten, so haben die Chineser schon beym Ursprung ihres Reichs, und mithin noch ohne alle Vorkenntnisse der Natur, den wahren Gott unter dem Namen *Tien* oder *Chang-ti* angebetet, und zwar sollen ihre eigenen Könige die ersten und einzigen Priester dieser Gottheit gewesen seyn. Zu diesem Ende berufen sie sich theils auf die so sehr bekannten heil. Schriften dieses Volks, namentlich auf das sogenannte Buch *Chu-King*; theils auf den Umstand, daß die ersten Einwohner von China keine Tempel, Altäre und Abbildungen gehabt haben. Alleine bey genauerer Beobachtung des *Chu-King*, dieses so sehr verstümmelten und verfälschten Fragments der alten chinesischen Geschichte wird ein unbefangener Leser auch nicht eine Sylbe von einer so frühen und so reinen Gotteskenntniß, sondern vielmehr häufige Merkmale des schändlichsten Aberglaubens entdecken; so wie bißher auch noch kein einziges deutliches Zeugniß vorhanden ist, daß sich die Chineser unter dem *Tien* oder *Changti* den höchsten Schöpfer und Beherrscher des Himmels gedacht haben; vielmehr müssen die Jesuiten selbst gestehen, daß *Tien* sowohl den sichtbaren Himmel als auch Häupter der Familien und Städte, — und *Changti* öfters vergötterte Lehrer bedeutet haben. Daß aber die Chineser ursprünglich weder Tempel noch Altäre gehabt, läßt sich aus der ersten nomadischen Lebensart eines Volks, das kaum für sich selbst einige elende Hütten bauen konnte, sehr leicht erklären. Und wie läßt sich endlich mit dieser vorgeblichen Gotteskenntniß der Chineser die frühzeitige Vergötterung eines Menschen, des unter ihnen so berühmten Zauberers Lao-Kiun, der schon 600. Jahre vor Ch. G. gelebt haben muß, zusammenreimen?

Aber jetzt hat Hr. M. unter andern noch einen wichtigen Gegner vor sich, den gelehrten De Guignes, der in seinem vortreflichen Commentar des Chu-king der allgemeinen Meynung beypflichtet, daß die Chineser von Alters her unter dem Namen Chang-ti einen höchsten Weltschöpfer verehret haben; wiewohl ihm an einem andern Ort wieder der Satz entfährt, daß sie nur erst 10 Jahrhunderte vor Ch. G. über den Ursprung der Dinge zu denken angefangen haben. (T. XXXVIII. Mem. de l'Acad. des Inscript. p. 273.)

Diesem angesehenen Gegner setzt nun Hr. M. folgende Bemerkungen entgegen:

1) Aus der Vergleichung des ganzen Inhalts des Chu-king ergiebt sichs augenscheinlich, daß die Chineser, wie die mehresten barbarischen Völker ursprünglich alle unsichtbaren Kräfte der Dinge für eben so viele Gottheiten gehalten, und daß daher auch ihre ersten Könige dem Himmel und der Erde, den Bergen und Flüssen, und den Elementen geopfert haben. So wahr es nun aber auf der einen Seite ist, daß sie diese verborgene

gött-

göttlichen Kräfte Himmels und der Erde nicht immer mit den Gegenständen selbst verwechselt, sondern sich dieselben öfters als abgesonderte Wesen und Dämonen gedacht haben; eben so wenig kann man doch aus dem Chu-king, ohne den Worten die größte Gewalt anzuthun, beweisen, daß sie die den Himmel beseelende Kraft zugleich für den Weltschöpfer gehalten haben. Empfindung und Verstand legen zwar der Verfasser des Chu-king und seine Zeitgenossen dem Regenten des Himmels hin und wieder noch bey; aber auch nicht eine Stelle, wo ihm Schöpfung oder Oberherrschaft über andere Götter zugeschrieben würde. Vielmehr haben die alten Chineser jeder einzelnen Gottheit ihr besonderes Reich und eine unumschränkte Herrschaft über dasselbe angewiesen; jede nach der Verschiedenheit ihrer Natur auf eine besondere Weise verehret, und, was das merkwürdigste ist, so haben selbst einige ihrer Kaiser, die Söhne des Himmels seyn wollten, sich gleichwohl unter den Schutz eines oder des andern der vergötterten Elemente begeben. Ihre vorzügliche Verehrung der Sonne gründete sich also blos auf einen Wahn von dem großen Einflusse dieses Weltkörpers auf die Schicksale der Menschen, insonderheit auf die Dauer und Umsturz der irdischen Reiche. Daher dann auch ihr Beben bey der mindesten Himmelsveränderung; ihr Entsetzen bey Sonnen- und Mondsfinsternissen; ihre Liebe zur Wahrsagerkunst.

*) Und

2) Und weitgefehlt, daß Confucius sie von diesem Aberglauben befreyet hätte; so hat er sie vielmehr darinn noch mehr bestärkt. Die Chinesischen Schriftsteller bezeugen selbst, daß er von Gott, von dem Zustande der Seele nach dem Tode, und von ähnlichen Materien nie etwas gelehret. Blos sein elendes Verdienst, die zerstreuten alten Sagen dieses abergläubischen Volks in die von ihm betittelte Werke, *Tchun-fievu* und *Chu-king*, gesammelt, — und das elendere Verdienst, ihre Wahrsagerkunst erweitert zu haben, haben ihm in ihren Tempeln die Stelle zwischen dem *Lao-kuin* und *Fol* zuwegebracht. Einmal vergöttert, hatte er nun das Schicksal so vieler andern seines gleichen, z. E. des Orpheus, Zoroasters, Hermes, daß man nehmlich die gepriesenen Thaten vieler anderer späterer Helden auf ihn übertrug, und daß in der Folge besonders die Tugendlehrer des Volks sich häufig seines Namens bedienten, um ihrer Weißheit destomehr Gewicht zu geben. Wer eigentlich Confucius gewesen, läßt sich auch noch daraus abnehmen, daß seine Nachkommen durch die erbliche Ausübung der Wahrsagerkunst noch bis auf diese Stunde sich beym größten Ansehen und Ueberflusse behaupten.

3) Dieß geringfügige Urtheil vom Confucius, als Religionslehrer, wird noch wahrscheinlicher, wenn man das Zeitalter erwägt, in welchem er gelebt hat. Nehmlich damals, als das Reich noch unter unzählige kleine Könige vertheilt und durch immerwährende Kriege so zerrüttet war, daß die

Kün-

Künste des Friedens unmöglich statt finden konnten. Erst 300 Jahre vor Ch. G. hat bekanntlich der große Kaiser *Chihoang-ti*, nach glücklicher Bezwingung dieser vielen Wüteriche, dem Chinesischen Reiche seine Vestigkeit gegeben, und dadurch zur Aufklärung desselben den Weg gebahnet. Unter seiner Regierung brachten 18 Indische Priester ihre Religion und vermuthlich auch die Wissenschaften nach China. Neue Schaaren fremder Lehrer kamen ungefehr zweyhundert Jahre vor Ch. G. und bereicherten das Land mit der Sternkunde. Jetzt erst erscheinen unter den Chinesern bessere Zeitrechnungen, einheimische Geschichtschreiber, Sammlung ihrer zerstreuten Nationalschriften. Aus diesem Zeitalter ist vermuthlich auch das Buch, welches sie den kleinern K i n g nennen, und ihren h. Schriften an die Seite setzen; denn es enthält deutliche Spuren eines gelehrtern Jahrhunderts und fremder Weißheit; unter andern auch sehr ruhmvolle Beschreibungen von einem ausserordentlichen Heiligen und Weisen, der in einer gewissen Gegend des Occidents sollte gebohren seyn. Dieß bewog 65 Jahre nach Christi Geburt den Kaiser Ming-ti, diesen großen Mann durch Gesandte zuerst in Indien, und dann weiter aufsuchen zu lassen, aber unglücklicher Weise glaubten diese Verblendeten, ihn in dem Lehrer der abgeschmacktesten Religion, in dem Fo, gefunden zu haben. Mit diesem Wahn waren ihre abergläubischen und unwissenden Landsleute leicht angesteckt; denn daß sich die Chineser nie mit eben dem

Eifer, wie andere afiatische Völker, z. E. die Brachmanen und Araber auf fremde Kenntniffe gelegt haben, erhellt aus sehr vielen Zeugniffen. Und so hatten sie nun die dritte menschliche Gottheit. Selbst ihre nachmalige Bekanntschaft mit den Juden, Christen und Arabern, die sich zu Tausenden unter ihnen niedergelaffen, vermochte sie nicht auf beffere Gedanken von der Gottheit zu bringen. Noch auf diese Stunde kennt der größte Theil unter ihnen den wahren Weltschöpfer nicht, sondern schreibt den Ursprung der Dinge entweder einer blinden Nothwendigkeit, oder einer im Chaos verborgen gelegenen und verstandlosen Kraft zu. Schriften, in welchen Gottes und einer Fürsehung gar nicht gedacht ist, werden unter ihnen nicht nur geduldet, sondern öffentlich in den Schulen gelesen. Daß dieß aber mehr ein Beweiß ihres Aberglaubens, als eigentlicher Atheisterey sey, erhellt zum Theil schon daraus, weil auch ihre Gelehrten die Tempel der vaterländischen Gottheiten und der verstorbenen Heiligen mit eben dem Eifer besuchen, womit der große Haufe seine übrigen unzähligen Götter anbetet. Vermuthlich glauben sie also, daß, obschon die Götter, wie Thiere und Menschen aus einer ewigen, schöpferischen Materie entstanden seyen, so verdienen sie doch, um ihrer herrlichen Natur willen, Anbetung und Opfer.

VIter Abschnitt: Von der Religion der ältesten Griechen, und von dem wahren Sinne der mythologischen Theologie ihrer Dichter.

Hr. M. hat doch wohl alles Recht, sich in dieser verwickelten Untersuchung mehr an die übereinstimmenden Zeugniffe und Urtheile eines Herodot, Plato und Aristoteles, als an die spätern Auslegungen der ohnehin so träumerischen Stoiker zu halten. Jene waren doch dem Zeitalter der ältesten griechischen Dichter mehrere Jahrhunderte näher; konnten und mußten also mit der herr-

schen

schenden Denkart desselben und mit dem eigentlichen Sinne der damaligen Fabellehre genauer bekannt seyn; verrathen keine Anhänglichkeit an gewisse Lieblingsmeynungen; und insbesondere ist der eben so gewissenhafte als scharfsinnige und untersuchende Aristoteles über allen Verdacht willkührlicher oder unwillkührlicher Mißdeutung weit erhaben. Diesem Grundsatze gemäß bestättiget nun Hr. M. mit den ausdrücklichsten Zeugnissen dieser seiner Gewährmänner, daß die Pelasger lange vor den Zeiten des Homers Götter in Menschengestalt, beyderley Geschlechts, verheyrathet und mit Kindern gesegnet, geglaubt, welche sie zum Theil von fremden Völkern angenommen, zum Theil selbst erfunden haben; und daß mithin, wie schon Cicero (de N. D. III. 24.) äusserte, die Hypothese des Stoischen Zeno und seiner Schüler ganz grundlos sey, wenn sie unter jenen mythologischen Gottheiten durchaus nicht menschenartige Wesen, sondern vergötterte Kräfte und Eigenschaften der Natur, auch wohl vergötterte Welttheile gefunden haben. Bekanntlich hat zwar der berühmte Hr. Hofr. Heyne dieser willkührlichen Hypothese erst vor kurzem im 8ten Band der Götting. Comment. eine glücklichere Wendung zu geben gesucht. Er meynt nehmlich, es habe schon vor dem Homer verschiedene ältere Dichter gegeben, die durch die Phönizier, oder auch durch die Egyptier in die Erforschung der Natur eingeleitet worden wären; alleine theils aus Armuth der Sprache, theils aus einem starken dichterischen Triebe, ihre Gegenstände recht sichtbar vorzustellen, haben sie die Weltkörper und Naturkräfte personificirt, und auf diese Weise den Ursprung, die Eigenschaften, Verknüpfungen und Kämpfe derselben unter den Heyrathen, Kriegen und Thaten der Götter abgebildet. Endlich sey Homer erschienen, dessen größtes dichterisches Verdienst darinne bestehe, daß er diese Fabeln älterer Kosmogenien in ein episches Gedicht verwandelt,

weiter

weiter ausgebildet, und sie als wirkliche Begebenheiten der Urwelt erzählet habe.

Aber auch diese so scheinbare, und so fein ausgedachte Erklärung der Fabellehre will Hrn. M. nicht gefallen. Er setzt derselben folgende, freylich sehr wichtige Gründe entgegen: 1) Ueberhaupt dem Vorgeben, daß die Namen und Personen der griechischen Gottheiten von den alten Verfassern der Kosmogenien herrühren, widerspricht der ausdrückliche Bericht Herodots, nach welchem der größte Theil dieser Götter aus Egypten nach Griechenland gekommen, zum Theil auch von den Pelasgern selbst lange vor dem Homer erfunden worden ist. 2) Nach eben diesem Herodot waren Homer und Hesiodus die ersten, die die einmal vorhandenen menschenähnlichen Götter in Handlung gesetzt, ihnen ihr Geschlechtregister, ihre Rangordnung und Ehrenstellen angewiesen haben. Hr. H. müßte also zuerst gegen den Herodot beweisen, daß ebendieß schon von frühern Dichtern geschehen sey. 3) Bey allen Vorwürfen, die dem Homer und Hesiodus wegen ihrer öfters so schändlichen und verächtlichen Gottheiten von den vernünftigern Griechen immerhin gemacht worden sind, hat sie doch keiner je beschuldiget, daß sie eine bereits vorgefundene, bessere und lehrreichere Mythologie verdrehet oder verfälscht haben. 4) Vielmehr bezeugt Aristoteles, daß die alten Poeten weder den Himmel und die Nacht, noch das Chaos und den Ocean, sondern den Zeus für die oberste Gottheit, — aber zugleich auch die Herrschaft der Götter für eben so unsicher und wandelbar, als die Reiche der Menschen gehalten haben. (Metaph p. 246. Edit. Sylb. Gr.) 5) Und wo waren dann die alten griechischen oder auswärtigen Dichter, die die Kräfte und Eigenschaften der Natur unter den Namen und Personen gewisser Götter abgebildet hätten? Ist es doch gegen alle Analogie der Geschichte der Menschheit? Ueberall denkt sich der unwissende, rohe Mensch seine Götter in Menschengestalt, so wie dieß von den ältesten nördlichen Völkern, von den Egyptiern und Phöniziern, von den Chaldäern und Chinesern ausgemacht ist. 6) Wie hätte es Homer wagen können, längst vor ihm eingeführte gesundere Religionsbegriffe durch seine anstößigen Fabeln verdrängen zu wollen, und hätte er eine so schleunige und merkwürdige Revolution in dem Gedankensystem seiner Nation bewirkt, warum findet sich davon auch nicht die geringste Spur bey den sonst so pragmatischen griechischen Geschichtschreibern? Vielmehr sollte man glauben, Homer habe die ärmliche Götterlehre seiner Zeit durch seine Zusätze nur noch lächerlicher machen wollen. 7) Wären jene gelehrtern Kosmogenien schon vor dem Homer da gewesen, so müßte man in seinen Schriften mehrere und deutlichere Spuren davon antreffen, als wirklich vorhanden sind, da er doch sonst seine Gelehrsamkeit überall angebracht hat. 8) Homer nennt den Schlaf eben sowohl παντων τε θεων παντων τε ανθρωπων αναϰ]α, als seinen Jupiter.

Auch aus der Kosmogenie des Hesiodus hat weder Aristoteles, noch Plato, noch irgend ein Schriftsteller des Alterthums eine verständige Grundursache aller Dinge herausgebracht, sondern nur den, unter mehrern Völkern so gewöhnlichen Gedanken, daß die Erde und die Gestirne, ja alle Götter selbst entweder aus einer rohen und vermischten Materie, oder aus irgend einem Element zufälliger Weise entstanden seyen.

Daß in den ältesten Zeiten ein Orpheus gelebt habe, hält Hr. M. für unstreitig, wenn es schon sein so hochverehrter Aristoteles nach der Aussage des Cicero

cero (N. D. I. 38.) geleugnet haben soll. Hingegen bestreitet er mit desto stärkern Gründen die herrschende Meynung, daß dieser Orpheus in Thaten und Lehren so große Dinge geleistet, daß er vor dem Homer und Hesiodus gelebt, und der Erfinder der Mysterien unter den Griechen gewesen sey. Diese sind offenbar viel frühern Ursprungs, mögen aber wohl vom Orpheus erweitert worden seyn. Höchst wahrscheinlich ists auch, daß die unter seinem Namen schon zu den Zeiten des Euripides, Isokrates und Plato vorhandenen Gedichte nicht, wie man gemeiniglich glaubt, vom Onomacritus herrühren, weil es sonst Herodot eben so aufrichtig würde gemeldet haben, als er dem Onomacritus die Verfälschung der Gedichte des Musäus beymißt. Doch die Verfasser jener ältern orphischen Gedichte mögen gewesen seyn, wer sie wollen, so enthielten sie so viele schändliche Dinge von den Göttern, solche abgeschmackte Irrthümer von den Kräften der Zauberey und der Mysterien, von dem Zustande der Seele nach dem Tode, daß Plato nicht lebhaft genug gegen ihre Ausbreitung eifern konnte. Von allen diesen Lehren aber entdeckt man keine Spur in den auf uns gekommenen orphischen Gedichten, und schon aus diesem Grunde, noch mehr aber aus der Neuheit vieler darinn vorkommenden Namen, aus den offenbaren Spuren stoischer Allegorien, aus der mit der Anmuth der ältern Dichter so sehr abstechenden Schreibart, ist ihre spätere Erdichtung augenscheinlich.

Haben nun nicht einmal die größten Dichter der alten Griechen einen Begriff von einem göttlichen Wesen, dem Urheber des Weltalls gehabt, wie

viel

viel weniger der große Haufe? Aber auch noch weit über dieses Zeitalter hinaus, noch lange nach der Gründung ihrer Staaten, und nachdem Künste und Wissenschaften schon einen sehr hohen Grad erstiegen hatten, blieb der gröbste Aberglaube unter ihnen herrschend; (S. 204—228.) selbst ihre größten Staatsmänner nicht ausgenommen. Dieß beweißt der V. mit einer Reihe der merkwürdigsten Beyspiele, und bestättiget dadurch zugleich, was er ausführlicher schon in dem 3ten Theile seiner vermischten Schriften gezeigt hat, daß nehmlich die großen Eleusinischen Mysterien, in welchen die Eingeweyhten (εποπ]αις) die Nichtigkeit der Volksgötter und hingegen das Daseyn eines höchsten Weltschöpfers entdeckt wurden, erst geraume Zeit nach dem Anaxagoras und Sokrates aufgekommen seyen. Eben wegen dieser Erhabenheit ihrer Lehren hießen sie auch die großen Mysterien. Denn die kleinen hatten zwar eine größere Anzahl von Eingeweyhten, bestunden aber blos in dramatischen Vorstellungen der alten Dichterfabeln, waren viel frühern Ursprungs, und konnten also auch ihrem Innhalte nach mit dem herrschenden Aberglauben sehr leicht bestehen.

Noch bleibt dem V. ein Punkt zu beantworten. Er betrift die bekannte Einleitung zu den Gesetzen des Zaleucus an die Locrier, die allerdings sehr gesunde und praktische Religionsbegriffe enthält. Daß sie aber nicht vom Zaleucus herrühre, sondern erst in einem viel spätern Zeitalter erdichtet worden sey, erhellet 1) aus der sichtbaren, öfters sogar wörtlichen Nachahmung der vier ersten Platonischen Bücher von den Gesetzen; 2) weil Plato ausdrücklich bezeugt, daß vor ihm alle Gesetzgeber ihre Vorschriften nicht auf vernünftige Gründe, wie er,

son-

sondern blos auf Gewalt und Drohungen gegründet haben; 3) weil die Locrier in Religionssachen eben so irrig gedacht, als die übrigen Griechen.

Beyläufig zeigt Hr. M. endlich noch, wie fälschlich Plutarch dem römischen Gesetzgeber Numa die Erkenntniß einer einfachen, unsichtbaren Gottheit beylege, ihm, der doch so viele menschenähnliche Götter unter seinem Volke eingeführt hat. Aber man kennt ja die Weise Plutarchs, den mehresten alten Völkern seine oder vielmehr Platonische Lehren anzudichten.

Im zweyten Theile wird nun die Theologie der griechischen Philosophen in 9. Abschnitten untersucht.

I. Abschn. Von den Jonischen Philosophen. S. 243—265.

Auch hier eine vorläufige sorgfältige Kritik und Classification der Schriftsteller, denen der V. in der Angabe der Lehrbegriffe der ältern griechischen Philosophen folgt. Plato und Aristoteles stehen, wie billig, oben an. Ihr Alter, ihr Scharfsinn, ihr Fleiß, die moralische Unmöglichkeit des Betrugs, da die Schriften ihrer Vorfahrer noch in der meisten Händen waren, berechtigen sie dazu. Dann kommen Cicero und Sextus.

Ueber
die Vorstellung der Alten
von Gott
Ein Auszug aus dem
zweyten Theile
des Buches:

Historia doctrinae de vero Deo, conscripta a Christophoro MEINERS &c;
Pars altera.

Wir haben schon beym Beschluß der vorigen Anzeige es gesagt, daß in diesem zweyten Theile die Theologie der griechischen Philosophen untersucht werde, und zwar wird im I. Abschnitt gezeigt: was die jonische Secte von dem Ursprunge der Dinge gelehrt habe (S. 243. ec.)

In der vorläufigen kritischen Abwägung der Schriftsteller stehen Plato und Aristoteles, wie billig, oben an; nach ihnen Cicero und Sextus; dann der gelehrte Plutarch zuletzt; denn er ist öfters in der Prüfung der ältern Lehrsysteme zu nachlässig, und hängt seinen Conjecturen zu sehr nach. Aber so verächtlich ist doch dieser trefliche Schriftsteller dem Hrn. M. nicht, daß er ihm die unter seinem Namen laufende placita philosophorum zuschreiben sollte. Denn nicht zu gedenken, daß der Verfasser dieses elenden Buchs alle Gottheit und Fürsehung bestreitet, wovon der fromme und tugendhafte Plutarch himmelweit entfernt ist; so enthält das Buch so viele abgeschmackte Meynungen, so grobe Fehler in der Angabe fremder Lehrbegriffe, dergleichen Plutarch unmöglich hat begehen können. Es gehört daher in dieselbe Klasse mit den φιλοσοφουμενοις des Pseudo-Origines. So verdienen auch die neuern Platoniker und die Kirchenväter, Clemens, Eusebius u. s. w. höchstens nur alsdann einigen Glauben in diesem Fache, wenn sie mit jenen bessern Schriftstellern übereinstimmen.

Und nun (S. 248.) eine summarische Darstellung aller griechischen Lehrsysteme von dem Ursprunge der Dinge. I. Die ältesten Naturforscher nahmen nur Eine Grundursache der Welt an, und dachten sich dieselbe entweder als unbeweglich oder in ewiger Bewegung. Jenes that Xenophanes mit den übrigen Eleatikern; dieses die jonische und pythagorische Sekte. Aber keiner ihrer Philosophen schrieb die Entstehung der Welt irgend einer Gottheit zu. II. Die übrigen griechischen Weltweisen vor dem Anaxagoras oder doch nahe um seine Zeit, setzten zwar mehrere Arten von Ursachen vest; wirkende, z. E. Freundschaft und Feindschaft, Noth-

wen-

wendigkeit, Zufall, Ungefähr, Natur; und materielle, als das Feuer, die vier Elemente, einfache Urstoffe; aber auch aus dieser zwoten Klasse der Physiker, wohin Empedokles, Heraklitus, Leucippus und Democritus gehören, hat keiner eine verständige Grundursache der Welt angenommen. III. Endlich trat Anaxagoras auf, und wagte zuerst den Satz, daß ein göttlicher Geist dieses Weltall aus einer ewigen, aber formlosen Materie gebildet habe. Ihm folgten alsdann alle spätern philosophischen Sekten, einige wenige ausgenommen, [die entweder die Gottheit durchaus leugneten, oder sie doch von der Bildung und Regierung der Welt ausschlossen. Hingegen die Verehrer der Gottheit und Fürsehung giengen nur noch darin von einander ab, daß einige, wie Plato und Aristoteles, das höchste Wesen für ganz unkörperlich; andere aber, besonders die Stoiker, zwar für einfach und nicht aus mehrern Elementen zusammengesetzt, aber doch auch nicht für ganz körperlos hielten.

Die Ausführung dieses Grundrisses fängt nun (S. 254.) mit dem Thales, dem Stifter der Jonischen Sekte an. Dieser hat nach dem einstimmigen Zeugnisse des ganzen Alterthums nur Ein Principium der Dinge, nehmlich das Wasser angenommen, aus dessen innerer Bewegung alles entstanden sey, und in welches mittelst eben so nothwendiger Bewegung alles wieder zurücksinke; vermuthlich aus dem Grunde, wie Aristoteles meynt, weil Thales unter allen Physikern der erste war, der das Wachsthum aller Dinge, das Leben der Thiere, ja selbst die Erzeugung der Wärme aus der Feuchtigkeit herleitete. So gehören also auch die schönen Sprüche von Gott, die dem Thales beym Diogenes und bey dem Verfasser des Gastmahls der sieben Weisen zugeschrieben werden, unter die gewöhnlichen spätern Erdichtungen dieser Art. Und wenn Cicero (de N. D. I. c, 10.) seinen Vellejus, den Vertheidiger der Epikureischen Sekte in einem Athem sagen läßt, daß Thales das Wasser für das Principium aller Dinge gehalten; Gott aber, den aus dem Wasser alles bildenden Geist (mentem) genannt habe; so müßte entweder Cicero sich hier selbst, wie Diogenes, gröblich widersprochen haben; oder er hat seinem Vellejus diesen Widerspruch mit Bedacht in den Mund gelegt, weil es unter den Epikurern Sitte war, bey ihren Streitigkeiten mit andern Philosophen die Meynungen derselben zu verdrehen, um sie desto leichter bestreiten oder verlachen zu können; oder Cicero war hier nicht sorgfältig genug in der Wahl des Ausdrucks, und hat die bewegende Kraft, welche Thales in dem Wasser annahm, nur so obenhin mentem genannt, anstatt daß er sie animam hätte nennen sollen.

Denn diese anima war in dem System des Thales ein vernunftloses Wesen, ein blindes Principium der Bewegung, (χνητιχον τι); und wenn er demungeachtet

geachtet hin und wieder von einer Gottheit spricht, deren alles voll sey; so war dieß dem damaligen, noch ganz kindischen Zeitalter der Philosophie vollkommen angemessen, dessen herrschende Vorstellungsart dahin gieng, daß Götter und Dämonen, so wie Menschen und Thiere aus einer der ewigen Materie eigenthümlichen innern Kraft entstanden seyen. (S.259.)

Anaximander, der unmittelbare Nachfolger des Thales nahm ebenfalls nur eine einzige Grundursache der Dinge an, ein unendliches Wesen, dünner, als das Wasser, und dichter, als die Luft. Anarimenes endlich, der dritte und letzte Anführer der ältern Jonischen Schule, vertauschte dieß unseelige Mittelding gegen die Luft selbst, und lehrte, daß durch ihre Verdünnung und Verdichtung alles entstehe und vergehe.

II. Abschnitt: Pythagoras und seine ältesten Schüler. (S. 266.) Es ist äusserst schwer, die ächten und ursprünglichen Lehrsätze dieses Philosophen zu bestimmen. Die ältesten Denkmale, die wir von ihm, und von seiner Schule noch übrig haben, sind erst bey 200 Jahre nach seinem Tode abgefaßt, wenn dieser nach der genauesten Berechnung des Bentley zwischen die 68ste und 70ste Olympiade gesetzt werden muß. Aristoteles ist nehmlich unter den auf uns gekommenen Schriftstellern der erste, der von den Pythagorern einige besondere Bücher geschrieben, die aber, leider! verloren sind, und wovon uns Diogenes nur einige wenige Bruchstücke aufbewahret hat. Doch zu gutem Glücke hat Aristoteles noch manches von den Lehrsätzen der Pythagoräer in seinen übrigen Schriften eingestreuet, das zur Beleuchtung und Berichtigung der spätern Geschichtschreiber des Pythagoras trefliche Dienste leistet. Unter diesen ist besonders Heraklides Pontikus voll der abgeschmacktesten Fabeln. Etwas weniger Hermippus, aber doch noch immer wegen seiner Leichtgläubigkeit verdächtig genug. Selbst Dicäarchus, dieser sonst so denkende Kopf, dessen Bücher Cicero aureolos libellos nennt, ist hier nicht frey von Vorurtheilen und Fabeln. Nächst dem Aristoteles, ist dessen Schüler Aristoxenus der glaubwürdigste, und unter den noch spätern Schriftstellern Alexander Polyhistor, ein Zeitgenosse des Sylla, weil er nach dem Zeugniß des Diogenes noch die Originalschriften der Pythagoräer gelesen haben soll, und weil seine Fragmente mit den Berichten des Aristoteles und Sextus übereinstimmen. Aber wenig oder nichts gelten die Schriftsteller und vorgeblichen Nachfolger des Pythagoras aus den ersten Jahrhunderten des Christenthums, Porphyrius, Jamblichus und Philostratus. Sie haschen überall nach den unglaublichsten Mährchen, um nur ihren Helden nach ihrer Meynung recht groß zu machen, und versetzen dieselben noch mit ihren eigenen schaamlosen Erdichtungen. Die beiden erstern schreiben sogar ihre elenden Quellen z. E. den Heraklides Pontikus,

wört

wörtlich aus, aber ohne sie anzuführen: und nur selten berufen sie sich auf die bessere Autorität des Aristoteles und Aristoxenus.

Hätten nun die nachfolgenden Schriftsteller das Ansehen ihrer Vorgänger auf diese Weise gehörig geprüft, so wäre aus dem Pythagoras, nie der große und angebetete Erfinder himmlischer Weisheit, nie der reine und nur geheimnißvolle Gotteslehrer, der idealische Weise des Plato und einer der größten Wunderthäter des Alterthums gemacht worden. (S. 276. — 280.)

Pythagoras und seine Schule hatten nicht eigentlich einen religiösen, sondern einen politischen und gesetzgeberischen Endzweck. Er selbst war ein abgesagter Feind der Tyranney der Großen, und aus diesem Grunde verließ er nach seiner Zurückkunft aus Asien und Afrika zum zweytenmal sein Vaterland, die Insul Samos, welche damals unter dem Joche des Polykrates seufzte, und begab sich in ein freywilliges Exilium nach Crotona. In kurzer Zeit versammlete sich eine solche Menge Freyheitliebender Seelen zu ihm, daß ihn Timon Pyrrhonius mit Recht einen Menschenfänger nennen konnte. Unter seinen Zuhörern stieg die Hochachtung für einen so muthigen Vertheidiger der natürlichen Rechte der Menschheit biß aufs höchste; aber in eben diesem Maaße wuchs auch der Neid seiner Feinde, und besonders der Haß der damaligen Despoten, denen an der Vertilgung einer solchen Staatsschule alles gelegen war.

Und nun ists auch sehr leicht begreiflich, warum Pythagoras mit seinen neuen Schülern mehrere Jahre lang so strenge Prüfungen vorgenommen hat. Ohne ihren Charakter genau zu kennen, durfte er ihnen doch diese Staatsgeheimnisse nicht anvertrauen; hingegen seine übrigen Lehren von der Einrichtung des Lebens, von der Erhaltung der Gesundheit, von der Verehrung der Götter, von mathematischen Wahrheiten trug er öffentlich vor allem Volke vor. (S. 287.) Nach dieser Erklärung waren denn auch die berühmten Symbola der Pythagoräer nichts anders, als gewisse Unterscheidungszeichen der Glieder dieser Schule, oder auch gewisse versteckte, nur ihnen verständliche Formuln und Redensarten, mittelst deren sie sich über die wichtigsten Gegenstände in der Nähe und Ferne ohne alle Gefahr unter einander besprechen konnten. Sonst hat freylich auch Pythagoras manche seiner Sprüche in bildliche Redensarten eingekleidet, aber gewiß nicht um sich ein geheimnißvolles Ansehen zu geben, sondern aus Armuth an eigentlichen Ausdrücken, wie denn auch sein Lehrmeister Pherecydes, ein Zeitgenosse des Thales und Anaximanders, nach der obigen Bemerkung (S. 263.) der erste war, der von göttlichen Dingen in Prosa schrieb, ohne doch in die Geheimnisse der Natur tiefer eingedrungen zu seyn, als die dichterischen Theologen.

Ueberhaupt dürfen die ursprünglichen Lehrsätze des Pythagoras nicht nach dem beurtheilt werden, was man bey seinen spätern Anhängern und Verehrern, nach den Zeiten des Anaxagoras und Sokrates findet. Diese haben die alte Lehre mit ihren eigenen und andern inzwischen aufgekommenen Erfindungen aufgestutzt und verschönert. (S. 294.)

So schwer es daher auch einigen neuern Gelehrten vorkommen mag, den politischen Endzweck der ältern pythagoräischen Schule von dem religiösen zu trennen, und dem so hoch gepriesenen Stifter derselben reine Gotteserkenntniß abzusprechen; so entscheidend ist hierüber die Autorität des Aristoteles; der Unwahrscheinlichkeit zu geschweigen, daß die vorgeblichen bessern Religionsbegriffe des Pythagoras mit ihm völlig hätten zu Grabe gehen müssen, indem nicht nur seine unmittelbaren Nachfolger, Xenophanes und die übrigen Eleatiker, sondern überhaupt noch viele Menschenalter hindurch alle Naturforscher Griechenlands die irrigsten Religionssysteme aufgebracht haben.

Nach dem Aristoteles also war der Ursprung und der Hauptinnhalt der ältesten pythagoräischen Theologie dieser: Als die ersten Erfinder der Mathematik, insbesondere der Arithmetik, glaubten die ältesten Pythagoräer eine mannichfaltige Aehnlichkeit zwischen den Zahlen und den übrigen Dingen entdeckt zu haben, und hielten daher die Zahlen für die Grundprincipien aller Wesen.

Doch

Doch seyen die Zahlen von den aus ihnen entstandenen Dingen nicht abgesondert, sondern vielmehr aufs innigste mit denselben verbunden, und eben deswegen seyen auch alle Naturen im Himmel und auf Erden — Accidenzen und Eigenschaften (παθη και εξεις) der Zahlen." Wie aber aus Wesen, die weder Schwere noch Bewegungskraft haben, nur vorerst leichte und harte Körper, dann aber sogar empfindende und vernünftige Seelen, endlich dieß bewundernswürdige herrliche Ganze haben entstehen können, darüber erklären sich freylich die Pythagoräer nicht, und das ist es eben, was ihr gedankenloses System dem Denker Aristoteles so verwerflich macht.

Gleichwohl waren sie nichts weniger als Atheisten, sondern standen vielmehr bey dem ganzen Alterthum in einem ausnehmenden Rufe der Gottseeligkeit (S. 304.) Alleine auch ihre Gottheiten waren so, wie alles andere, aus den Zahlen entstanden; gleichwie aber überhaupt alles Entstandene weit herrlicher und fürtreflicher sey, als seine Urstoffe, die Zahlen; so gelte dieß in einem ganz vorzüglichen Grade von den Göttern, am allermeisten aber von dem Feuer oder Aether, den sie unter dem Namen der Jupitersburg (Διος φυλακη) in den Mittelpunkt der Welt setzten, und um ihn die Erde und die übrigen Himmelskörper sich drehen ließen.

Einige spätere Zusätze und nähere Bestimmungen einzelner Theile dieses Lehrbegriffs abgerechnet, wird derselbe vom

Dio-

Diogenes, Sextus und Hermias (in irrisione gentilium) im Grunde eben so angegeben. Epicharmus aber und Ocellus haben hier gar keine Stimme. Die Fragmente des erstern sind entweder falsch, oder sie enthalten doch offenbar mehr heraklitische als pythagoräische Philosophie. (S. 312.) Noch stärker und zahlreicher sind die Gründe, die wider das Alterthum des Ocellus Lucanus de natura vniuersi streiten, (S. 313 — 319.) worunter schon dieser einzige hinreichend wäre, daß in diesem ganzen Buche die Grundlage des pythagoräischen Systems, die Lehre von der Einheit und den Zahlen, nicht mit einem Worte erwähnt wird.

III. Abschnitt: Die Lehren der Eleatiker von dem Weltall und der Gottheit. S. 320.

Xenophanes ein Kolophonier, der berühmteste Forscher unter den Zeitgenossen des Pythagoras, wurde sehr jung aus seinem Vaterlande vertrieben, zog sich nach Sicilien und Italien, und stiftete in der Stadt Elia oder Velia eine Sekte, die von ihrem Geburtsorte den Namen führte.

Sein ganzes Lehrgebäude beruhte auf dem Grundsatz, daß nie etwas weder aus Nichts, noch aus einem schon vorhandenem Stoffe habe entstehen können. Jenes finde nicht Statt; weil alles, was entstehe, einen Urstof haben müsse, woraus es entstehe. Dieses nicht; weil man nicht sagen könne, daß etwas erst entstanden sey, was schon zuvor da war. So müsse also alles, was
existire,

existire, (το ον) ewig und unendlich seyn. Was aber unendlich sey, das müsse nothwendig auch Eins (το ἑν) seyn. Denn wenn man zwey oder mehrere unendliche Wesen annehmen wollte, so würden sie sich ja unter einander beschränken, und mithin aufhören unendlich zu seyn. Also sey auch alles, was existire, immer dasselbe, und sich selbst ähnlich. Denn Verschiedenheit setze Mehrheit der Dinge voraus. Auch finde bey diesem Einen durchaus keine Bewegung statt. Denn alles, was sich bewege, müsse sich entweder in einen vollen oder in einen leeren Raum bewegen. Jener aber könne das Eins nicht aufnehmen; dieser sey ein Unding. Also sey auch dieß Eins keines Schmerzens, keines Untergangs, keiner Verwandlung und Vermischung mit andern Dingen fähig, weil alles dieses Bewegung voraussetze, und weil auch in jedem dieser Fälle das Eins aufhören würde Eins zu seyn. Weil denn aber alle diese Meynungen durch das Zeugniß der äussern Sinne widerlegt werden, so müssen diese falsche Zeugen seyn, und die Vernunft sey die einzige Richterin der Wahrheit.

So verlor sich dieser tiefsinnige Kopf in allzuweitgetriebene Spekulationen, weil er die Gränzen der menschlichen Erkenntniß nicht bemerkte; suchte, wie Spinoza in neuern Zeiten, mit allem Eifer die Wahrheit, und fand an deren Stelle den grösten Irrthum, den Pantheismus. Denn er nannte sein Universum ausdrücklich Gott, laut der merkwürdigen Stelle beym Aristoteles (l. 5. Met.)

und

und nach dem Sextus (Hypotyp. Pyrrh. III. 218.) lehrte er, ἑν εἶναι τὸ πᾶν καὶ τὸν Θεὸν συμφυῆ τοῖς πᾶσι (Gott und die Welt seyen eins und dasselbe.) Denn so muß das συμφυής erklärt werden, wenn sich Sextus nicht selbst widersprechen soll, indem er in einer andern Stelle bezeugt, Xenophanes habe Gott sphaeram impatibilem genannt.

Parmenides, ein Schüler des Xenophanes, nahm im Grunde das System seines Lehrers an, daß nehmlich nur eine einzige Substanz, das Universum sey: und wenn er demselben hin und wieder noch zwey andere Ursachen, — Wärme und Kälte — beygesellete, so war dieß entweder Unbestand und Widerspruch in seiner Lehre, wie Plato meynt; oder es waren bloße Worte, die ihm das Zeugniß der Sinnen abnöthigte, welchem er sein System etwas näher zu bringen trachtete, wie Aristoteles den scheinbaren Widerspruch erklärt. Sein gelehrter Ausleger, Simplicius, will sogar: Parmenides und Melissus, und die Eleatiker überhaupt, haben unter ihrem ἑν nicht ein körperliches Principium oder das ganze Weltall verstanden, sondern eine unkörperliche Substanz, oder jene Urquelle der Existenz, die nur mit dem Verstande erkannt werden könne. Er schließt es hauptsächlich aus dem Grunde, weil sie ihr Eins untheilbar (ἀδιαίρετον) genannt haben. Aber nicht zu gedenken, daß weder Plato, noch Aristoteles, noch irgend ein anderer Schriftsteller des Alterthums etwas dergleichen in den Schriften der Eleatiker gefunden hat, so ist die aus den Fragmenten des Melissus (S 335.) angeführte merkwürdige Stelle der Behauptung des Simplicius schnurgerade zuwider, und mit den Worten: αδιαιρετον, συνεχες, wollten Parmenides und Melissus nichts anders sagen, als daß das Eins ein zusammenhängendes Wesen sey, das zwar Theile habe, aber seiner Natur nach nicht zerstückt werden könne.

Zeno, der Eleatiker, lebte zwar zur Zeit des Anaxagoras, aber entweder blieben ihm die Lehren dieses Philosophen unbekannt, oder sie waren ihm nicht anständig. Seine Meynung von der Natur der Gottheit ist äusserst schwankend; denn es war ihm mehr um den Ruhm eines großen Sophisten, als um eigene Ueberzeugung zu thun. Aber Schade, daß ein so treflicher Kopf den Spuren der Wahrheit nicht weiter nachgegangen ist, auf die er einmal durch eigenes Nachdenken gerathen war. Ohne Vergnügen kann man seinen Beweiß für die Einheit Gottes nicht lesen.

Leucippus, der Lehrer des Democritus, wird ohne Grund, ja vielmehr chronologischen Gründen zuwider, für einen Schüler des Zeno ausgegeben. (S. 341.) Ueberdieß ist sein System von der Eleatischen Philosophie nicht nur sehr verschieden, sondern derselben auch gerade entgegengesetzt. Die Eleatiker nahmen nur ein Grundprincipium (αρχην) der Dinge an: Leucipp und Democrit hingegen unzähliche; jene leugneten die Existenz

der

der Bewegung und des leeren Raums; diese zählten das Leere unter die Principia der Dinge, und vertheidigten die ewige Bewegung ihrer körperlichen Elemente; aber die Ursache dieser ewigen Bewegung übergiengen sie entweder mit Stillschweigen, oder sie nannten sie wohl auch bisweilen Nothwendigkeit; niemals aber nahmen sie zur Erbauung ihrer Welten ein verständiges göttliches Wesen zu Hülfe.

IV. Abschnitt: Vorstellungen des Heraklits und Empedokles von der Natur und dem Ursprung der Dinge. S. 347.

Heraklit, so weit nehmlich die Meinungen dieses dunkeln Kopfes aus den abweichenden Auslegungen der Griechen bestimmt werden können, hielt ein feuriges Wesen für das Principium aller Dinge, aus welchem alles entstehe und in welches alles wieder zurückkehre. Wenn daher einige geglaubt haben, daß er entweder die einfachen körperlichen Elemente oder auch die Luft unter die Grundursachen der Dinge gesetzt habe, so haben sie sich entweder durch einige dunkle Stellen täuschen lassen, oder sie haben die ihm so geläufigen Worte ψυχη και αναθυμιασις, womit er öfters das Feuer andeutete, nicht nach seinem Sinne erklärt. Die Kraft aber, mittelst welcher aus dem Feuer durch ewige Bewegung und Veränderung alles übrige entstehe und sich in dasselbe wieder auflöse, nannte er die Nothwendigkeit, und gab ihr zwey Grundgesetze oder Grundeigenschaften, die

E

Zwie-

Zwietracht, (*ερυ*) welche alles erzeuge; und die Eintracht, durch welche alles erzeugte wieder zerfließe. Jener gab er die prächtigen Namen einer Gebährerin, Beherrscherin und Königin aller Dinge; weil aus dem immerwährenden Streite entgegengesetzter Wesen und Kräfte die bewundernswürdige Harmonie des Ganzen entstehe. (Eben das, was unsre neuern Philosophen, insonderheit Herr Prof. Ploucquet unter den allgemeinsten Weltgesetzen das Principium luctae nennen, nur mit diesem wichtigen Unterschiede, daß es nach unserer Philosophie von einem höchsten Weltschöpfer abhängt und geleitet wird; welchen hingegen Heraklit geradezu leugnet.) Daß er aber übrigens gleichwol noch ein gewisses, aus dem Feuer entstandenes und durch das Weltall verbreitetes göttliches Wesen angenommen, wie Plutarch und Sextus versichern, ist um so weniger zu verwundern, da der Gedanke, daß Alles der Gottheit voll sey, allen alten griechischen Weltweisen gemein war. Doch hielt er seine Götter eben so wenig für ewig und unsterblich, als die Seelen der Menschen. Heraklit lebte um die 69ste Olympiade.

Empedokles, ein ganz anderer Mann, um die 84ste Olympiade. Als Dichter, nach dem Urtheil des Aristoteles, an Stärke und Schönheit über alle seine Zeitgenossen weit erhaben, und der nächste am Homer; aber als Philosoph so unstät in seinen Meinungen, daß es kein Wunder ist, wenn seine Veränderlichkeit auch seine

Aus-

Ausleger, selbst den Aristoteles und Sextus, angesteckt hat. Sie sind in der Angabe seiner Lehrsätze äusserst widersprechend. Bald soll er vier ewige und unveränderliche Grundstoffe der Dinge, bald nur zween, bald gar nur einen; und eben so soll er als wirkende Grundursachen bald die Freundschaft und Feindschaft zugleich, bald nur die Feindschaft, bald zu beyden noch den Zufall und die Nothwendigkeit angenommen haben.

V. Abschnitt erzählt die Meynung des Anaxagoras und Sokrates von der Gottheit. Seit. 360.

Welche Erholung für den Geschichtschreiber der Philosophie, wenn er nach all den bisher erzählten Verirrungen des menschlichen Verstandes auf den Mann stößt, der unter den Weisen Griechenlands zuerst die große Wahrheit von einem höchsten und einzigen Gott aus dem innern Heiligthume der Natur an das Licht zu bringen gewagt hat? Dieser Weise war Anaxagoras, und sein Lehrer und Vorgänger war Hermotimus. Daß vor ihm keiner diese wichtige Lehre öffentlich vorgetragen habe, ist schon oben (S. 253.) mit einer Menge unverwerflicher Zeugnisse bewiesen; aber zur bessern Entwickelung und Vervollkommnung derselben hat er freylich seinen Nachfolgern noch vieles übrig gelassen. Die Grundlage seines Systems war folgende: "Von Ewigkeit her haben eben so unendlich viele und verschiedene Elemente existirt, als verschiedene Arten von Körpern in dem Weltall vorhanden seyen. Zu dieser neuen und ihm ganz eigenen Meinung sah er sich genöthiget, weil er sonst die Entstehung vieler Dinge aus Nichts hätte einräumen müssen, wenn er nicht für jede Art Wesen und Körper eine ihr entsprechende Art von Elementen angenommen hätte. Diese unzähligen einfachen Naturen oder Arten von Elementen nannte er ὁμοιομερίας, und ihre unordentliche Mischung, das Chaos. Nun kam aber der Bildner dieser formlosen Materie. Ein verständiges göttliches Wesen setzte durch seine Macht und Weißheit diese bißher verworrenen und todten Elemente in Bewegung, trennte sie von einander und ordnete sie. Nicht also das Ungefähr oder der Zufall; sondern allein dieses herrliche Wesen ist die Grundursache aller Bewegung und der Schönheit der Welt. Auch sey es einfach, sagt Anaxagoras, alles Leidens unfähig, das subtilste von allen Wesen, und mit keinem andern zu vergleichen. Zuletzt unendlich, höchstmächtig, habe nicht nur alles Gegenwärtige, Vergangene und Zukünftige mit höchster Weißheit vorhergesehen und geordnet, sondern werde auch die ganze Welt, die, es bißher regieret, in alle Ewigkeit fort regieren." Wie sich übrigens Anaxagoras jene einfache Substanz des göttlichen Wesens eigentlich gedacht habe, die er so sorgfältig von allen andern Naturen unterscheidete; darüber scheint er sich eben so wenig erklärt zu haben, als über seinen Begriff vom Unendlichen, den er von Gott gebrauchte. Höchstwahrschein scheinlich aber ist es, daß er mit der Unendlichkeit des göttlichen Geistes nichts anders habe andeuten wollen, als einen gränzenlosen Ausfluß (fusionem) desselben. Denn in eben diesem Sinne braucht er das Wort von der Luft und vom Aether, welche seiner Meinung nach die unzähligen Grundstoffe der Dinge von Ewigkeit besässet und umgeben haben.

Frey von irrigen Nebenbegriffen war also sein System freylich nicht. Ueberdieß wirft ihm Aristoteles noch besonders vor: er habe den vernünftigen Urheber der Welt nicht sorgfältig genug von der durch alle lebendige Wesen verbreiteten Weltseele unterschieden; Aristoteles und Plato: er habe in der Erklärung der Natur und des Ursprungs einzelner Dinge öfters mehr seine Zuflucht zu einer gewissen Nothwendigkeit, als zu Gott, und zu diesem nur im äussersten Nothfalle genommen; Sokrates macht ihm den ganz entgegengesetzten Vorwurf: er habe sich in die Ausspähung der göttlichen Wirkungen zu sehr vertieft; Bayle: er habe geglaubt, die Gottheit habe zwar die Welt, ihr herrliches Werk, angefangen, aber nicht vollendet, sondern vielmehr noch viele Spuren der ehemaligen Verwirrung übrig gelassen; endlich der Pseudo-Plutarch in den placitis philosophorum: er habe, wie die Stoiker, einen blinden Zufall angenommen. Diese letztere Beschuldigung ist völlig ungegründet; und was sich theils zur richtigung, theils zur Milderung der übrigen Vorwürfe nur immer gründliches sagen läßt, das hat Hr. M. treulich gesagt.

Sokrates, der größte Lehrer der Weißheit und Tugend unter den Griechen, ob er schon im Tadel des Anaxagoras manchmal etwas zu weit geht, so hat er doch von ihm die Lehre von einem höchsten Gott und Weltbildner nicht nur angenommen, sondern auch erläutert, erweitert, und, was das vorzüglichste ist, auf die Tugendlehre angewandt. Wenn sich aber sein Lehrer mehr mit der Erforschung der wirkenden Ursachen beschäftigte, so dachte Sokrates hauptsächlich den Endursachen der Dinge nach. Er stützte seinen Beweiß für das Daseyn Gottes auf das, was wir heutzutage den Grundsatz von den verständigen Ursachen nennen, oder auf den vernünftigen Gedanken, daß wir bey solchen Verknüpfungen der Dinge, bey solchen Einrichtungen, die den nach Absichten und Regeln gemachten Einrichtungen verständiger Wesen vollkommen ähnlich, hingegen den zwecklosen Wirkungen unverständiger Kräfte höchst unähnlich sind, verständige Ursachen annehmen müssen, wenn nicht das Gegentheil aus bessern Gründen erhelle. Dann entwickelte er die Spuren der Weißheit und Güte des höchsten Welturhebers in den Werken der Natur, sowohl im Großen als im Kleinern; überführte diejenigen ihrer Thorheit, die den bessern, denkenden Theil des Menschen aus körperlichen Elementen

zusam

zusammensetzen; und widersetzte sich endlich aufs kräftigste dem Zweifel, der von der Unsichtbarkeit des göttlichen Wesens wider sein Daseyn aufgebracht wird. Aber er lehrte nicht nur einen ersten vernünftigen Urheber der Dinge, sondern auch eine fortdauernde, allwaltende Fürsehung; und zwar hauptsächlich aus der ewigen Jugend der Welt, die weder kränkle noch veralte; und aus den großen Vorzügen des Menschen vor den Thieren zeigte er Gott insbesondere als den Liebhaber unsres Geschlechts. So müsse es denn auch dem Tugendhaften immerhin wohl gehen, weil ihm weder im Leben noch im Tode irgend etwa ohne das Vorwissen oder wider den Willen Gottes zustoßen könne. Und hieraus nun die praktischen Folgen: dankbare Verehrung der Gottheit; völlige Ergebenheit in ihren weisen und gütigen Rathschluß; Standhaftigkeit unter allen Begegnissen des Lebens; Furchtlosigkeit gegen die Schrecken des Todes; pflichtmäßiges Verhalten und Ausdauern in allen Ständen des menschlichen Lebens; nicht Gaben und Opfer, sondern ein reines und unschuldiges Herz sey der wohlgefälligste Gottesdienst; Reichthum, Ehre, Herrschaft müssen nicht das Ziel unserer Wünsche seyn, denn der kurzsichtige Mensch wisse nicht, was ihm wahrhaftig nütze, und müsse also die Erfüllung seiner Wünsche der Gottheit überlassen. Lauter herrliche Lehren; aber auch wieder nicht ohne Schlacken.

Denn eben dieser weise Sokrates scheint, nach einer sehr gegründeten Vermuthung des H. M., den schöpferischen Weltgeist zwar für eine sehr feine, aber doch noch immer körperliche Substanz gehalten zu haben, aus deren Schooße nicht nur die Seelen der Menschen, sondern auch unzählige andere göttliche Wesen entsprungen seyen. Dieß bestättiget und erklärt hauptsächlich sein Verhalten gegen die Götter seines Vaterlandes, die er ohne Zweifel für solche aus dem höchsten Gotte erzeugte herrliche Wesen hielt, und daher neben demselben göttlich verehrte. Denn daß er dieß nicht bloß zum Scheine und aus feiger Menschengefälligkeit, sondern in ganzem Ernste gethan habe, läßt sich — nicht so wohl aus seinen äussern gottesdienstlichen Handlungen und Opfern schließen; denn diese hätten noch wohl Verstellung seyn mögen, — als vielmehr aus seiner hohen Meinung, die er von der Divination äusserte, welche er unter die größten Wohlthaten der Götter rechnete; aus der abergläubischen Vergötterung seines eigenen Dämons; aus dem sehr ernstlich gemeinten Rathe, den er seinem trautesten Schüler, dem Xenophon, gab, daß er vor seinem Zuge nach Asien den delphischen Apoll fragen sollte.

Uebrigens haben nicht alle sokratische Schüler die Meinung ihres Lehrers von der Gottheit beybehalten. Xenophon, der den höchsten Gott bald τὴν ἐν παντὶ φρόνησιν, bald τὸν ὅλον κοσμον συντάττοντα καὶ συνέχοντα; bald mit dem einzigen Worte Θεῖον bezeichnete;

te; Aeschines und Antisthenes blieben die einzigen ächten Sokratiker. Plato hingegen hat das System seines Lehrers sehr abgeändert; Euklides von Megara scheint sich ganz zur Sekte der Eleatiker, und Aristipp von Cyrene zum Atheismus geneigt zu haben.?

VI. Abschnitt: Plato's Lehre von Gott und dem Ursprunge der Welt. S. 394. — 419.

Plato hat, wie die übrigen Theile der Philosophie, so auch die leichte, faßliche und gemeinnützige Gotteslehre des Sokrates, durch viele fremde Zusätze, durch verwegene Grübeleyen, durch grundlose Erdichtungen, durch Pracht und Getöse der Schreibart, in vielen Stücken so sehr verdunkelt, daß es scheint, er habe mehr das Hirn als das Herz seiner Leser beschäftigen wollen. So gerecht dieser Tadel ist; so kann man doch auf der andern Seite auch nicht läugnen, daß, wo er nur der Spur seines Lehrers getreulich nachgeht, er verschiedene Stücke der sokratischen Philosophie entweder mehr aufgeklärt, oder auch mit neuen Gründen bereichert hat.

Treflich ist vor allen Dingen die Meinung des Plato von der Existenz eines einzigen, höchstvollkommenen, unkörperlichen, unveränderlichen, sich immer selbst gleichen Geistes, der der Urheber und Bildner aller Dinge, oder vielmehr dieser schönen Welt sey. Auf diesen richtigen Begriff von Gott scheint ihn der Grundsatz geleitet zu haben, daß nichts ohne Ursache, und also auch keine Bewegung ohne Ursache entstehe; so müsse es also ein Wesen geben, das den letzten Grund aller Bewegung

gung in sich enthalte, aber selbst von aussen nicht mehr bewegt werde, und dieses Principium der Bewegung werde ganz richtig Geist oder Seele genannt. Nun könne aber auch die gleichförmige bestimmte und unveränderliche Bewegung der größten und herrlichsten Welttheile von keinem andern, als dem vollkommensten Geiste herrühren.

Ohne allen zureichenden Grund hingegen nahm Plato auch die ewige Existenz einer gewissen formlosen Materie an, die weder Feuer noch Luft, weder Erde noch Wasser gewesen sey, aber in jede dieser Gestalten leicht habe verwandelt werden können, und auch wirklich durch die Kraft der Gottheit verwandelt worden sey. Eben so wenig giebt er irgend einen Grund an, warum er die ursprünglich formlose Materie durch eine gewisse verstandlose allverwirrende Seele von Ewigkeit her in die unordentlichste Bewegung habe setzen lassen. Dieß war eben die Seele, welche ihr Erfinder (wie Plutarch Oper. T. X. p. 211. 212. richtig bemerkt) in seinem Philebus das Unendliche, απειριαν, infinitatem, nullam neque defectus et abundantiae neque pugnae et discordiae modum habentem; im Timäus την περι τα σωματα γιγνομενην μεριςην oder την τε ετερα φυσιν; in seinen Büchern von den Gesetzen die vernunftlose und bösartige Seele; in seinem Politicus endlich die Nothwendigkeit und die angebohrne in der ehemaligen Verwirrung gegründete, unordentliche Lust nennt. Zwar mußte Plato eine solche in der

Materie

Materie befindliche Kraft annehmen, nachdem er der Materie einmal vor der Dazwischenkunft ihres weisen und gütigen Bildners eine ewige rastlose Bewegung gegeben hatte. Was ihn aber zu dieser Hypothese genöthiget habe, ist nicht wohl abzusehen. So viel hat er indessen mit der Erdichtung dieser Seele gewonnen, daß er nun Gott von der Schuld alles Bösen frey sprechen konnte, indem er dasselbe einzig und allein auf die unüberwindliche Unbändigkeit dieser Seele hinwälzte. Er hatte sich nehmlich vorgestellt, daß der höchste Weltregent zu gewissen Zeiten von seinem mühsamen Geschäfte ausruhe, da dann jene rastlose, und von ihm noch kaum bezwungene Seele in ihren vorigen Ungestümm sogleich wieder ausbreche, und die Welt gewiß in ihr ursprüngliches Chaos zurückstürzen würde, wenn nicht Gott augenblicklich wieder das Weltruder ergriefe; — ein Gedanke, der dem Plato um so weniger zu verzeihen ist, als er in andern Stellen gegen dergleichen geringfügige Vorstellungen von der Gottheit so nachdrücklich eifert.

Nirgends aber ist er dunkler, und nirgends verwickelt er sich mehr in seine eigene Worte, als wo er bemüht ist, die Entstehung der Weltseele zu erklären. Er dichte nehmlich, Gott habe die Vernunft, νєν, intelligentiam, wie es Cicero übersetzt, eine Eigenschaft oder Theil seines eigenen Wesens, mit Gewalt in jene ewige allverwirrende Seele eingeschlossen, (weil sich der reine Geist ohne ein Mittelding mit dem Körper nicht vereinigen lasse) und mittelst dieser gewaltsamen Vermischung

schung des göttlichen Geistes und der verstandlosen Seele habe er ein drittes geistiges Wesen hervorgebracht, welches mit dem Weltkörper verbunden, das ganze Universum, als das vollkommenste Thier belebe und regiere. Diese aus zwo ganz entgegengesetzten Naturen zusammengeschmolzene Weltseele aber scheint er aus einem doppelten Grunde erdichtet zu haben; einmal, weil er glaubte, daß ohne ein solches herrschendes Principium die Welt nicht die höchste mögliche Vollkommenheit haben würde, und dann, damit der Ungestümm der in der ewigen Materie befindlichen tobenden Seele einigermaßen gehemmt und gemildert würde. Wie aber nun die untheilbare vernünftige Seele ($\alpha\mu\varepsilon\rho\iota\varsigma\eta\ \varkappa\alpha\iota\ \eta\ \tau\alpha\upsilon\tau\alpha\ \varphi\upsilon\sigma\iota\varsigma$) mit der materiellen Seele auf eine solche Weise verbunden worden sey, daß sie sich zusammen durch die ganze Welt haben verbreiten, und doch von ihnen wieder eben so viele besondere Götter haben abgelöset werden können, als Gestirne am Himmel sind: auf diese Erklärung läßt sich Plato nicht ein. Eben so wenig löst er den Knoten: Wie von diesem seltsamen Seelengemische doch noch Stoff genug übrig geblieben sey, um daraus, mittelst eines etwas stärkern Zusatzes von der zwoten schlimmern Seelenart, eine so unbeschreibliche Menge Menschenseelen zu schaffen. Lauter Schwierigkeiten und Widersprüche, die ein so scharfsinniger Kopf, wie Plato, unmöglich übersehen konnte; aber er fühlte auch die Unmöglichkeit, sie zu lösen, und da wars freylich die beste Parthie, sie gar nicht einmal zu berühren.

Aber

Aber diese Ungereimtheiten entweder auf Rechnung der menschlichen Schwachheit geschrieben, oder auch gegen die übrigen Verdienste des Plato abgerechnet; so war auch kein Grieche, der von Gott und seiner Weltregierung würdiger gedacht hätte. Man lese, was er sogleich im Anfang seiner Untersuchung den Timäus über die Unbegreiflichkeit des innern Wesens der Gottheit sagen läßt; was er aber auch in so vielen Stellen über die herrlichen moralischen Eigenschaften der Gottheit, über ihre uneigennützige gränzenlose Güte, über den letzten wohlthätigen Endzweck der Weltschöpfung; und was er insonderheit in dem 10ten Buche von den Gesetzen, über die göttliche Vorsehung sagt. In den erhabensten Ausdrücken und mit den stärksten Gründen zeigt er da, wie unermüdet sie sich über alles erstrecke; wie in ihren Augen durchaus nichts klein oder unbedeutend seyn könne; wie sehr eine entgegengesetzte Vorstellungsart die Gottheit herabwürdige; wie also auch alle Handlungen und Leiden der Menschen von ihr vorher bedacht, und das Wohl eines jeden mit der allgemeinen Glückseeligkeit des Ganzen verknüpft sey; wie zwar der kurzsichtige Mensch diese Bande in einzelnen Fällen nicht einsehe, aber doch mit desto größerer Zuverläßigkeit wissen könne, daß nach der bewundernswürdigen Einrichtung und Verwaltung des Ganzen die Tugend immer nützlich und siegreich, das Laster hingegen schädlich und verderblich seyn müsse; wie also auch der Rechtschaffene und Fromme, nie, der durch Tugend der Gottheit immer ähnlicher zu werden trachte, keinen Augenblick weder im Leben noch Tode an ihrer Güte verzweifeln dürfe, sondern vielmehr vest versichert seyn könne, daß, wie nach einem ewigen unveränderlichen Gesetze einem jeden nach seinen Thaten werde vergolten werden, so werden sich auch seine kurzen scheinbaren Leiden nicht nur in die Glückseeligkeit des Ganzen, sondern auch in seine eigene unfehlbar auflösen.

Nicht minder herzhaft, als sein Lehrer, eiferte er auch besonders in seinem Eutyphron wider den gefährlichen Irrthum, daß sich Gott, der Urheber und Vertheidiger der Tugend, der strenge Rächer des Lasters, durch Gaben und Opfer bestechen lasse. Dieß hieß in seinen Augen so viel, als Gott und Fürsehung selbst läugnen; dieß hieß ihm das vollkommenste Wesen mit einem Hirten vergleichen, der seine Heerde den Wölfen preiß gebe, um hernach einen kleinen Theil derselben zum Lohn seiner feigen Nachsicht zu erhalten.

Von den Landesgöttern der Griechen spricht Plato öfters, wie der große Haufe, öfters aber auch so zweydeutig und verfänglich, daß man ihn beynahe für einen Spötter derselben halten möchte. Aber alles zusammengenommen und mit seinem ganzen System verglichen, hat er sie eben so wenig, als sein Lehrer; wohl aber die fabelhaften Erzählungen der Dichter von ihrem Ursprung, ihren Thaten und Schicksalen, wie man es von
einem

einem solchen Manne erwarten kann, herzlich verlacht, und für äusserst schädlich erklärt. Eben darum wollte er auch den Homer, den Hesiodus, die Orphischen und alle dergleichen Fabeldichter aus jedem wohleingerichteten Staate verbannt wissen. Von den in Griechenland verehrten Gottheiten selbst aber, die er bald Götter, bald Dämonen nannte, hat er vermuthlich geglaubt, daß sie, wie die Gestirne, aus dem göttlichen, durch das Weltall verbreiteten Geiste entstanden seyen. Er theilte sie in sichtbare und unsichtbare. Jenen gab er die himmlischen Weltkörper zu regieren; diese waren die Schutzgötter der Erdensöhne, erklärten denselben den Willen der Gottheit, und brachten wieder ihre Wünsche und Bedürfnisse vor den Vater der Götter und Menschen. Und so konnte er nun auch die Geistererscheinungen und alle Arten der Divination leicht erklären.

VIIter Abschnitt enthält die Lehre des Aristoteles von Gott. S. 420—455.

Aristoteles, der berühmteste Schüler des Plato, hat das System seines Lehrers in vielen Stücken verändert und berichtiget, hat die anstößigsten Irrthümer desselben nicht nur verlassen, sondern auch hin und wieder bestritten; aber bey allen diesen löblichen Bemühungen bleibt auch dieser große Denker noch immer ein merkwürdiges Beyspiel, wie schwehr es der sich selbst überlassenen forschenden Vernunft sey, in der Lehre von Gott und von seinem Verhältnisse zu der Welt nicht zu irren, und sich auch nur einige Stufen über die unrichtigen Vorstellungen des großen Haufens zu erheben.

Indeſſen läßt ſich doch aus dem Gemiſche von Wahrheit und Irrthum, aus der Dunkelheit und Verwirrung, die bekanntlich in den Ariſtoteliſchen Schriften herrſcht, das eigentliche theologiſche Lehrgebäude dieſes Selbſtdenkers auf folgende Sätze ohne Widerſpruch zurückführen:

1) Weil alles, was ſich bewegt, durch einen äuſſern Stoß, oder überhaupt durch ein äuſſeres Weſen bewegt werden muß; gleichwol aber auch eine unendliche Menge ſich ſelbſt untereinander bewegenden Dinge nicht Statt findet, indem das Unendliche weder Anfang noch Ende hat; ſo muß irgendwo eine Kraft oder ein Weſen vorhanden ſeyn, das den Grund aller Bewegung, und alles deſſen, was aus der Bewegung entſteht, in ſich hält, ohne ſelbſt von auſſen bewegt zu werden. Auch muß es innerlich unbeweglich ſeyn denn geſetzt, es ſey nicht innerlich unbeweglich, ſo iſt es alſo in Bewegung; nun aber läßt ſichs ſchlechterdings nicht gedenken, daß etwas in Bewegung ſey, und ſich doch ſelbſt bewege. (Phyſ. auſc. VIII. durchaus.

2) Dieſe Grundurſache der Bewegung, oder dieſer erſte Beweger iſt aber ein verſtändiges göttliches Weſen (νυς). Dieß beweißt A. hauptſächlich in ſeinen metaphyſiſchen Büchern. Met. I. 3, νουν δε τις ειπων ειναι, καθαπερ εν τοις ζωοις, και εν τη φυσει του αιτιον και του κοσμου, και της ταξεως πασης, οιον νηφων εφανη παρ' εικη λεγοντας τους πρωτερον. Φανερως μεν ουν Αναξαγοραν ισμεν αψαμενον τουτων των λογων.

λογων. Anaragoras, der zuerſt gelehrt habe, daß ein verſtändiges Weſen die Urſache der Welt und ihrer Ordnung ſey, verhalte ſich zu ſeinen Vorgängern, wie ein Nüchterner zu Schwätzern. Met. I, 2. οτε γαρ Θεος, δοκει το αιτιον πασιν ειναι και αρχη τις. Met. XII, 10.

3) Der erſte Beweger iſt ein Einziger; erſtlich, weil einer hinreichend iſt, den Urſprung der Bewegung vollkommen zu erklären; zweytens, weil die Bewegung ununterbrochen und die Dinge, die ſich bewegen, ſtätig ſind. Phyſ. Auſc. VIII. 6.

4) Er iſt ewig und immateriel. Ewig, weil die Bewegung, weil die Welt, die bewegt wird, und alſo die erſten elementariſchen Theile und ihre Eigenſchaften ewig ſind. Phyſ. Auſc. I. und VII. Er hat keine Theile, in ſo ferne er nur Einer, das heißt, durchaus zuſammenhängend und ſtätig iſt. Er hat keine Größe; denn hätte er eine, ſo müßte ſie entweder endlich oder unendlich ſeyn; endlich kann ſie nicht ſeyn, weil ſie eine unendliche Bewegung hervorbringt; nicht unendlich, weil es überhaupt keine unendliche Größe giebt. Phyſ. Auſc. 10. Met. XII. 7.

5) Er iſt ſich immer ſelbſt gleich, unveränderlich, keines Leidens fähig. Denn was er iſt, iſt er auf einmal; er kann nicht von der potentia zum actus übergehen; keine neue Form annehmen. Ebendaſelbſt.

6) Menschliche Tugenden, oder doch die meisten ihrer moralischen (ηθικῶν) Eigenschaften können auf ihn nicht übergetragen werden, und so besteht also seine höchste Seeligkeit in der Betrachtung seiner selbst. (αυτον αρα νοει, ειπερ εςι το κρατιςον.) Im Vorbeygehen eine kleine Anmerkung, die uns bey dieser Stelle aufstößt. Wie sich doch der Charakter des Menschen in seine Begriffe von der Gottheit einmischt. Beym menschenfreundlichen Sokrates und beym empfindungsvollen Plato besteht die höchste Seeligkeit der Gottheit im Wohlthun; hingegen beym spekulativen Aristoteles in der Selbstbetrachtung; (νοησεως νοησις.)

7) Doch ist Gott nicht solchergestalt einzig und allein in sich selbst vertieft, daß er ganz unthätig wäre. Vielmehr hört er nie auf, das Weltall zu bewegen, weil er sonst nicht mehr unveränderlich seyn würde.

So hätte nun Hr. M. das theologische Lehrgebäude des Aristoteles in das günstigste Licht gestellet, dessen es fähig ist. Aber er hat noch einen schweren Stand, wenn er itzt auch die Rechtgläubigkeit dieses Weltweisen gegen die Einwürfe seiner Gegner, oder vielmehr gegen die eigenen Widersprüche desselben vertheidigen soll. Er thut auch wirklich alles, was man von einem so warmen Verehrer des A. nur immer erwarten kann; selbst auf Gefahr, sich dem Verdachte einer gewissen Partheylichkeit nicht nur im Ausdruck, sondern auch manchmal in der Sache selbst, auszusetzen.

1)

1) Wird A. beschuldiget, daß er die göttliche Vorsehung wo nicht geläugnet, aber doch bezweifelt habe. Auch gesteht H. M. selbst, daß sich A. hierüber nirgends ausdrücklich erkläre, und obwohl dieses noch lange kein hinlänglicher Grund zu jener harten Beschuldigung ist, so ist es doch auch nicht so gar unbegreiflich, wie nicht nur determinirte Ketzermacher, sondern auch die billigsten Männer, z. E. Mosheim und Brucker (deren Namen übrigens auch hier wieder verschwiegen werden,) auf einen solchen Verdacht haben gerathen können, wenn der unmittelbare und größte Schüler des Plato eine Wahrheit, die seinem Lehrer über alles gieng, wenn der Vater der systematischen Philosophie eine solche Grundlehre keiner besondern Aufmerksamkeit und Behandlung würdiget. Und welcher Abstand zwischen dem aufgeklärten — ich will nicht sagen, christlichen, sondern auch nur sokratischen und platonischen Begriff von der göttlichen Vorsehung und zwischen dem abstrakten, magern Gedanken des Aristoteles, daß der erste Beweger nie aufhöre, das Weltall fortzustoßen. Ueberdieß ist ja in der angezogenen Stelle (Phyſ. Auſc. VIII. cap. vlt.) die Grundursache der Bewegung noch nicht als ein göttliches, verständiges Wesen vorgestellt; sie handelt also nicht nach freyer Wahl, sondern nach einer innern Nothwendigkeit ihrer Natur. — Daß der Zweifel an einer göttlichen Vorsehung, in dem Aristotelischen System nicht nur eine Lücke, sondern auch einen großen Widerspruch machen würde, will gar nichts sagen; da selbst die wärmsten Vertheidiger dieses Weltweisen ihn

von andern auffallenden Widersprüchen nicht frey sprechen können. — Noch der beste Beweis für die Rechtgläubigkeit des A. wäre die merkwürdige Stelle beym Cicero de Nat. Deor. II. 37. Praeclare ergo Aristoteles, si essent, inquit, qui sub terra habitauissent &c. Allein diese nehmliche sinnreiche Fiktion, nur etwas mehr ausgemahlt, kömmt bekanntlich beym Plato vor, und klingt auch offenbar so platonisch, daß Herr M. selbst hier entweder einen Gedächtnißfehler des Cicero, oder ein Versehen der Abschreiber vermuthet. — So bliebe also zur Rechtfertigung des A. nur noch die einzige Stelle Met. XII. cap. vlt. übrig, wo er unter andern sagt: προς μεν γαρ εν απαντα συντετακ]αι — και τοις μεν αλλοις (welche mehr als eine Grundursache der Dinge annehmen) αναγκη τη σοφια, και τη τιμιωτατη επιςημη ειναι τι εναντιον, ἡμιν δ' κ. κ γαρ εναντιον τω πρωτω ꝃδεν. — τα δε οντα, κ βελεται πολιτευεσθαι κακως; ꝃκ αγαθον πολυκοιρανιη, εις κοιρανος. Aber auch hier wieder, wie allgemein; wie viele Begriffe aus unserer Theologie müssen erst noch eingeschoben werden, wenn man in diesen Sätzen den Glauben an eine Vorsehung finden soll, die durch ihre unendliche Weißheit und Güte alle, auch die kleinsten Weltbegebenheiten zur höchsten möglichen Glückseeligkeit der Lebendigen, und also auch jedes einzelnen Menschen hinlenkt? Und wenn auch in der merkwürdigen Stelle

Ethic.

Ethic. X. 9., wo von der Theilnehmung der Götter an den Schicksalen der Menschen die Rede ist, das zweydeutige ὡς δοκεῖ des Aristoteles nicht buchstäblich als ein Zeichen des Zweifels zu nehmen wäre, so erhellt doch aus allen bißherigen Bemerkungen zusammengenommen, daß es seinem Begriffe von der Vorsehung an der gehörigen Vestigkeit und Vollständigkeit fehle, um Tugend und Religion darauf zu gründen. Auf diese Weise, dünkt mich, wäre der immerwährende Streit über den Atheismus des Aristoteles am besten beyzulegen.

2) Wie kann A. den Urheber der Welt — Gott nennen, da er in seinen Phyſ. Aufc. auſſer der Materie und der Form, und nach einer gewiſſen Natur keine andere Grundurſachen der Dinge kennen will? Antw. A. ſpricht hier nicht von den wirkenden Grundurſachen der Dinge, ſondern von den materiellen; und Natur heißt hier nichts anders, als die einem jeden Dinge eigenthümliche Grundkraft, das Principium aller ſeiner Veränderungen, gleichſam die Gebährerin der Formen. Richtig; dem ganzen Zuſammenhange und Zwecke dieſer ſonſt ſo dunkeln Bücher vollkommen angemeſſen! Aber am Ende erweißt H. M. doch auch hier wieder dem A. zu viel Ehre, wenn er ihn glauben läßt, daß ein verſtändiges, göttliches Weſen die Natur, die Mutter der Formen, hervorgebracht habe. Denn wie ſtimmt dieſes mit dem ariſtotelischen Lehrſatze von der

ursprünglichen Ewigkeit der Welt und ihrer materiellen Grundursachen, zu welchen doch die Natur in der eben angeführten Bedeutung auch gehört?

3) Auch dem Zufall und Ungefähr räumt A. viel ein. Antw. Ist wahr, daß er sich hierüber öfters nicht vorsichtig genug ausdrückt: doch spricht er wieder in andern Stellen dem Glücke alle Macht und Einfluß förmlich ab, und versteht also vermuthlich unter diesem Worte nicht grundlose, sondern nur von Menschen unvorhergesehene Weltbegebenheiten.

4) Daß A. die Gottheit mit Banden einer ewigen Nothwendigkeit in die oberste Himmelsgegend gefesselt habe, ist eine völlig ungegründete Beschuldigung. In dem ganzen Gebiete seiner Philosophie ist kein Lehrsatz dieser Art; in allen seinen Schriften keine Beweißstelle. Und wie stimmte auch eine solche Meinung mit der ganzen Grundlage seines Systems? Der einer höhern Macht unterwürfige Gott könnte doch nicht mehr die einzige Grundursache aller Bewegung — der in dem Himmel eingekerkerte Gott nicht mehr immateriel heißen. Nicht zu gedenken, daß A. andere Philosophen öfters tadelt, weil sie der Nothwendigkeit so viel eingeräumt haben.

5) Hingegen ist A. durchaus nicht zu rechtfertigen, wenn er eben da, wo er die stäte, ewige Bewegung des Weltalls einer einzigen, verständigen Gottheit zugeschrieben,

ben hatte, Met. XII. 8. doch noch andere göttliche Wesen, und auch diese als ewig, unbeweglich, unkörperlich einführt, von welchen die Gestirne ewig bewegt werden. Hr. M. vermuthet zwar, (und dann wäre freylich der Widerspruch nicht so auffallend,) daß A. dieses Geisterheer bey aller seiner Fürtreflichkeit nicht für selbstständige Wesen, sondern für Söhne und Diener der höchsten Gottheit gehalten habe. Aber streitet nicht gegen diese lindernde Vermuthung

6) der vom A. zuerst eingeführte und ihm eigenthümliche Lehrsatz von der selbstständigen Ewigkeit der Welt und aller ihrer substanziellen Grundursachen; der Materie, der Formen, und der Natur? Hätte aber A. auch diesen Lehrsatz in der besten Absicht ausgedacht, um nehmlich der verfänglichen Frage auszuweichen: wie denn Gott vor der Schöpfung der Dinge aus Nichts, seiner höchsten Vollkommenheit unbeschadet, äonenlang habe unthätig bleiben können? so ist es doch allemal an sich widersprechend, daß das nehmliche Weltall von Ewigkeit existirt, und demungeachtet seine erste Bewegung und Entstehung von Gott erhalten habe. Noch befremdender ist dieser Lehrsatz, da A. die Möglichkeit eines unendlichen Raums und Körpers leugnet.

7) Nirgends endlich wird A. seinem System ungetreuer, als durch Annehmung einer fünften, von allen übrigen Elementen ganz verschiedenen Natur, die er

bald

bald Aether, bald besaamende Wärme, bald ein licht-ähnliches Wesen nennt, und welcher er die erhabensten göttlichen Prädikate beylegt. Selbstbeweglich, unsterblich, keiner Veränderung und keines Leidens fähig, ohne Mischung und Zusammensetzung, kurz ein göttliches, und doch immer noch körperliches Wesen! Welche Widersprüche? anderer, eben so auffallender (S. 450.) nicht zu gedenken! Und diese sollte der sonst ja scharfsinnige A. gar nicht einmal bemerkt haben? wie Herr M. muthmaßt. Dieß kann R. nicht glauben; wohl aber, daß die Noth den A. gedrungen habe, diese Widersprüche in seinem System zu dulden, weil er, ohne jene fünfte Natur zu Hülfe zu nehmen, den Ursprung und die Unsterblichkeit der menschlichen Seelen nicht erklären konnte. Denn aus der Substanz Gottes konnte er sie nicht herleiten, weil er dieselbe für unkörperlich und untheilbar erklärte; noch weniger aus den übrigen körperlichen Elementen, weil diese keine Vorstellungskraft und Vernunft haben. Eine ähnliche Noth trieb ihn, außer diesem fünften Wesen noch eine andere, minder herrliche und durch das Weltall verbreitete Lebenskraft anzunehmen, welche die Pflanzen und Thiere beseele.

Von den Göttern Griechenlands und ihrem Dienste spricht A. seltener und vorsichtiger, als Plato; abermals dem Charakter eines kaltblütigen Grüblers vollkommen gemäß. Die mehresten seiner Schüler schienen ſein Syſtem beybehalten zu haben, der einzige Strato von Lampſakum ausgenommen, der unter die eigentlichen Atheiſten gehört.

VIII. Abſchnitt enthält die Meynungen der Stoiker von der Gottheit. S. 456—425.

Dieſe durch die Menge ihrer Schüler, durch die Neuheit ihres Vortrags, durch die Erhabenheit vieler ihrer Lehrſätze, durch ihren Eifer für die Aufrechterhaltung der Geſetze und Religion, aber auch durch manche ihr ganz eigenthümliche Irrthümer, ſo merkwürdige Sekte, iſt bekanntlich vom Zeno aus Zittium errichtet, und vom Cleanth und Chryſipp, ſeinen Nachfolgern fortgepflanzt und erweitert worden. Aber Schade, daß alle Urkunden der älteſten Stoiker, wenige Fragmente ausgenommen, verloren ſind. Auch haben nicht alle auf uns gekommene Schriften der ſpätern Stoiker ein gleiches Anſehen und Gewicht. Epiktet und Marc Aurel, ſind die ächteſten Schüler des Zeno, weit hinter ihnen ſteht Seneca, den die Sucht zu deklamiren und mit ſeinem übermäßigen Witze zu glänzen, ſo oft zum Abfall von ſeiner Sekte, ja von ſich ſelbſt verleitet hat. Ob der unter dem Namen Phurnutus weniger bekannte Verfaſſer des Buchs: de natura Deorum; unter die Stoiker zu zählen ſey, iſt zweifelhaft. Noch ſchärfere Kritik iſt vonnöthen, wenn man die Lehrſätze dieſer Schule aus den Schriften ihrer

Gegner, aus dem Cicero, Plutarch, Galen, Sextus richtig beurtheilen will. Am wenigsten kann sich hier der Untersucher auf die öfters so nachläßig hingeworfene und aus dem Zusammenhang abgerissene Stellen beym Diogenes und Stobäus verlassen.

Nach diesen Vorerinnerungen kommen zuerst diejenigen Lehren, welche die Stoiker mit ältern Schulen gemein hatten. Sie nahmen nehmlich mit Plato zwo Grundursachen der Dinge an; eine wirkende und eine materielle. Dieser, dem ewigen Urstoffe der Dinge sprachen sie aber nicht nur, wie Plato, alle Eigenschaften, sondern auch noch die Bewegung ab, und um so mehr bemühten sie sich jetzt, die wirkende Ursache aufzusuchen, welche der todten und formlosen Materie ihre Bewegung und Gestalt gegeben habe. Dann zeigten sie mit Sokrates und seinen Schülern, daß diese weltbewegende und weltbildende Kraft nothwendig ein weises und verständiges Wesen seyn müsse, weil empfindende und verständige Substanzen unmöglich von einem vernunftlosen Urheber herrühren können. Endlich bedienten sie sich noch, nach dem Beyspiel des Sokrates, der Erscheinungen der Götter, der Wahrsagungen und Ahndungen als eben so vieler Beweise für das Daseyn und die Vorsehung der Gottheit.

Diese vorgefundenen Gründe vermehrten und verstärkten sie aber mit einer Menge anderer ihnen eigenen, bey deren Anwendung wider ihre Gegner dieß ihre Sitte war, daß sie die schwächern entweder voran, gleichsam als leichte Truppen zum scharmuzieren, oder auch als bloße Zuschauer ins Hintertreffen, die stärksten hingegen in die Mitte stellten. Wir können sie hier nur summarisch anzeigen:

1) Ist kein Gott, so ist auch keine Frömmigkeit und Gerechtigkeit, überhaupt keine Tugend. Nun sind aber diese. Also u. s. w. Ein schwaches Argument für den Gegner, das auf lauter willkührlichen Worterklärungen beruhet. Eben so:

2) Der Glaube an Gott kann keine Erdichtung, muß eine Grundwahrheit der Natur seyn, sonst hätte er sich durch die Länge der Zeit nicht so vest erhalten können. Aber wie konnten sich die Stoiker auf angebohrne und allgemeine Begriffe des gesunden Menschenverstandes berufen, sie, die alle Sterblichen, ausser ihrem idealischen Weisen, für eitel Thoren erklärten, und noch überdieß verschiedene widersinnige Meinungen behaupteten? Unter ihre stärkern Gründe gehört

3) vor allen Dingen der Schluß des seinen Chrysipps: Es muß ein herrlichers Wesen, als der Mensch vorhanden seyn, weil es in der Natur Dinge giebt, die kein Mensch bewürken kann; nehmlich die groſſen Himmelskörper, und alles, was in ewiger Ordnung fortdauert. Und warum sollte diese übermenschliche Kraft nicht Gott heißen können? Dieses Argument erhielt Gewicht, wenn sie nun auch auf sokratische Art gegen den Demokritus, Epikur und Strato zeigten, daß jene Kraft zugleich ein verständiges Wesen seyn müsse.

4)

4) Wenn immer eine Natur, oder ein animalisches, oder ein geistiges Wesen vollkommner ist, als das andere; so muß zuletzt ein vollkommenstes seyn, weil keines dieser Dinge ins unendliche wachsen kann. Und hiemit verbunden:

5) Gleichwie in allen Werken der Kunst und der Natur ein höchstes, herrschendes Principium (ἡγεμονικον) ist, z. E. in Pflanzen die Wurzeln, im thierischen und menschlichen Körper das Herz oder das Hirn; so muß auch das Weltall einen solchen Beherrscher haben. Beyde Schlüsse für den Gegner nicht überzeugend! Jenes machts nur wahrscheinlich, daß ein herrlicheres Wesen als der Mensch sey; beweißt aber noch nicht das Daseyn eines Weltschöpfers. Diesem setzt der Atheist die leblosen Körper entgegen, die kein ἡγεμονικον haben, z. E. Metalle, Steine, u. s. w., und dann verlangt er noch Beweiß, daß das herrschende Principium der Welt nothwendig ein verständiges, göttliches Wesen seyn müsse. Subtiler ist

6) Der Beweiß, dessen eigentlicher Erfinder unbekannt ist, "die Welt gehört nicht zu derjenigen Klasse von Dingen, die wie Schiffe und Ketten aus verschiedenen Theilen zu einem gemeinschaftlichen Zwecke verbunden sind, (συναπτομενα,); auch nicht zu denen, die aus selbstständigen ausser einander bestehenden Theilen (ἐκ διεςηκτων) zusammengesetzt sind, wie Armeen und Heerden; sondern sie

gehört zu derjenigen Klasse von Körpern, die wie Pflanzen und Thiere, von einem einzigen Geiste aufs innigste unter einander verbunden und zusammengehalten werden (ἡνωμένα). Diese Weltseele muß aber ein vernünftiges und weises Wesen seyn; weil in dem von ihr beseelten und zusammengefügten Ganzen auch vernünftige und tugendhafte Naturen sind. Ein herrlicher Schluß, wenn die St. aus der bewundernswürdigen Verknüpfung der Dinge und Zusammenstimmung der entgegengesetztesten Körper nicht mehr, als das Daseyn eines einzigen Schöpfers und Regenten der Welt gefolgert hätten; aber daß sie nun ihren Schluß zu weit getrieben, und die Welt zu einem unermeßlich grossen Thier gemacht haben, dieß ist zu bedauern, und darinn haben sie auch ihren Gegnern von allen Seiten Blöße gegeben.

Desto glücklicher waren sie hingegen im Angriff der Feinde Gottes und der Vorsehung; mit desto treffendern Waffen des gesunden Menschensinnes bestürmten sie den unsinnigen Einfall von der Entstehung der Welt aus dem ungefähren Zusammenfluß ewiger Atomen; und in Aufsuchung der Spuren der Gottheit und ihrer herrlichen Eigenschaften in der Natur, vom Großen biß aufs Kleinste, haben sie alle ihre Vorgänger an Fleiß und Scharfsinn weit übertroffen. Kühn auf diesen mächtigen Beystand der gesunden Vernunft und einer bessern Natur-

kunde

kunde forderten sie nun selbst ihre Gegner heraus, die Weltregierung zu tadeln, wenn sie es mit gutem Grunde thun könnten. Ihre Theodicee stützte sich auf eben diejenigen Hauptgedanken, welche in unsern Zeiten der große Leibniz zur Grundlage der seinigen gemacht hat: 1) Das Endliche ganz vollkommen zu verlangen, ist widersinnig; 2) Unzählich viel Gutes hätte in der Welt nicht statt finden können, wenn nicht auch das denselben entgegengesetzte und damit unzertrennlich verbundene, geringere Uebel wäre zugelassen worden! 3) Genug, daß man nicht zeigen kann, daß irgend etwas schlechterdings böse, zwecklos in der Schöpfung sey, und also der Vollkommenheit des Ganzen unbeschadet hätte wegbleiben können. Aber nur Schade, daß sie diese Grundsätze, besonders den zweeten, zu weit, auch auf das sittliche Böse ausdehnten, und zur Entschuldigung der menschlichen Laster öfters mißbrauchten. Auch verdiente kein Lehrsatz ihres Systems die bittersten Vorwürfe des Plutarchs mehr, als der: daß es keine Wahrheit ohne Irrthum, keine Tugend ohne ein entgegengesetztes Laster gebe. Eine desto stärkere, und ihre stärkste Schutzwehr gegen die Ankläger der Vorsehung, und zugleich die Grundlage zu ihrer ganzen Moral war aber ihre Lehre vom höchsten Gute. Denn indem sie lehrten, daß die Tugend allein den Menschen wahrhaftig glücklich mache, so war die Vorsehung wegen der ungleichen Austheilung irrdischer Güter gerechtfertiget, und dem Menschen das eigentliche Ziel seiner Wünsche und Bemühungen vorgesteckt, so bald sie noch die andere Lehre hinzusetzten, daß der Mensch zur Erlangung der Tugend hinlängliche Kräfte von Gott erhalten habe. Und dieß thaten sie beynahe auf allen Seiten ihrer Schriften. Keine philosophische Schule hatte die moralische Freyheit

heit des Menschen, die sogenannte Freyheit des Weisen, öfter und nachdrücklicher behauptet, als die Stoiker. Und es ist daher entweder Mißverstand oder bösartige Mißdeutung ihrer Lehre vom Fatum, wenn man sie beschuldiget, daß sie nicht nur den Menschen, sondern auch die Gottheit einer blinden Nothwendigkeit unterwürfig gemacht haben. Der wahre Sinn ihrer Lehre war dieser: Gott kann, vermöge seiner höchsten Vollkommenheit nichts anders als das Beste wählen; und: der Mensch muß seinem, aber NB. unter der Leitung der Vorsehung stehenden Verhängniß willig folgen, wenn er vernünftig und glücklich seyn will.

Haben wir bisher, wegen Enge des Raums, den gesünderu Theil des theologischen Systems der Stoiker so sehr zusammendrängen müssen, wie vielmehr ihre hauptsächlichsten Irrthümer? Sie sind folgende: 1) Die innere Substanz der Gottheit sey ein höchstfeines, ätherisches, feuriges, aber immer noch körperliches Wesen, weil nur Körper als eigentliche Substanzen existiren können. 2) Dieß ätherische Feuer sey zwar durch das ganze Weltall verbreitet; äussere aber seine Wirksamkeit auf sehr verschiedene Weise; anders, in so fern es die ganze Körperwelt zusammenhalte (ϒιλη ὄξις); anders, in so fern es das Pflanzenreich durchdringe (φυσις, eine seltenere Bedeutung dieses Wortes,); anders, als Principium der Bewegung und Empfindung in Thieren und Menschen; anders, als Urheber der vernünftigen Seelen, (νυς, λογος); 3) Alle Geister werden einmal in dieses πυρ τεχνικον zurücksinken, und so auch die Menschenseelen im Tode alle Selbstempfindung und Bewußtseyn ihres vorigen Zustandes verlieren; 4) Die

Gestirne seyen große beseelte Wesen; das Weltall das größte; 5) Ihre widersprechenden Aussagen von dem Ursprung und Untergang der Welt laufen endlich dahin aus, daß Gott wechselsweise das Universum aus seinem Wesen herausspinne, und in dasselbe wieder zurückziehe.

IX. Abſch. Die Epikuriſche Lehre von den Göttern. S. 526 — 548. Aus einem dreyfachen Grunde hat Epikur das Daseyn eines höchsten Weltschöpfers und Welterhalters in ganzem Ernste geläugnet; nehmlich 1) wegen der unermeßlichen Größe des Werkes selbſt; 2) wegen des vielen phyſiſchen und moraliſchen Uebels, das in der Welt iſt; 3) weil keine wahrſcheinliche Endurſache der Weltſchöpfung angegeben werden könne. Denn die Gottheit bedürfe zu ihrem eigenen Vergnügen keines ſolchen Wohnhauſes; für die wenigen Weiſen in der Welt wäre dieſer Aufwand zu groß; und für die Thoren ſey die Welt, das Werk des Ungefährs noch immer gut genug. Wenn aber Epikur doch noch von gewiſſen Göttern ſprach, wenn er ihre Geſtalt (ungeheuer groſſe, aus den feinſten körperlichen Theilen beſtehende Weſen, die durch wechſelsweiſen Verluſt und neuen Zufluß ihrer Beſtandtheile ſich alle Augenblicke veränderten) und Eigenſchaften beſchrieb; wenn er ſie auch als würdige Gegenſtände der Verehrung hin und wieder anprieß; ſo war dieß argliſtige Verſtellung, wie Hr. M. ſchon in dem IIten Theile ſeiner vermiſchten Schriften in einer beſondern Abhandlung S. 45. ausführlicher gezeigt hat.